孫克剛著

中國軍魂——孫立人將軍緬甸作戰實錄

臺灣學生書局印行

印緬戰區全圖

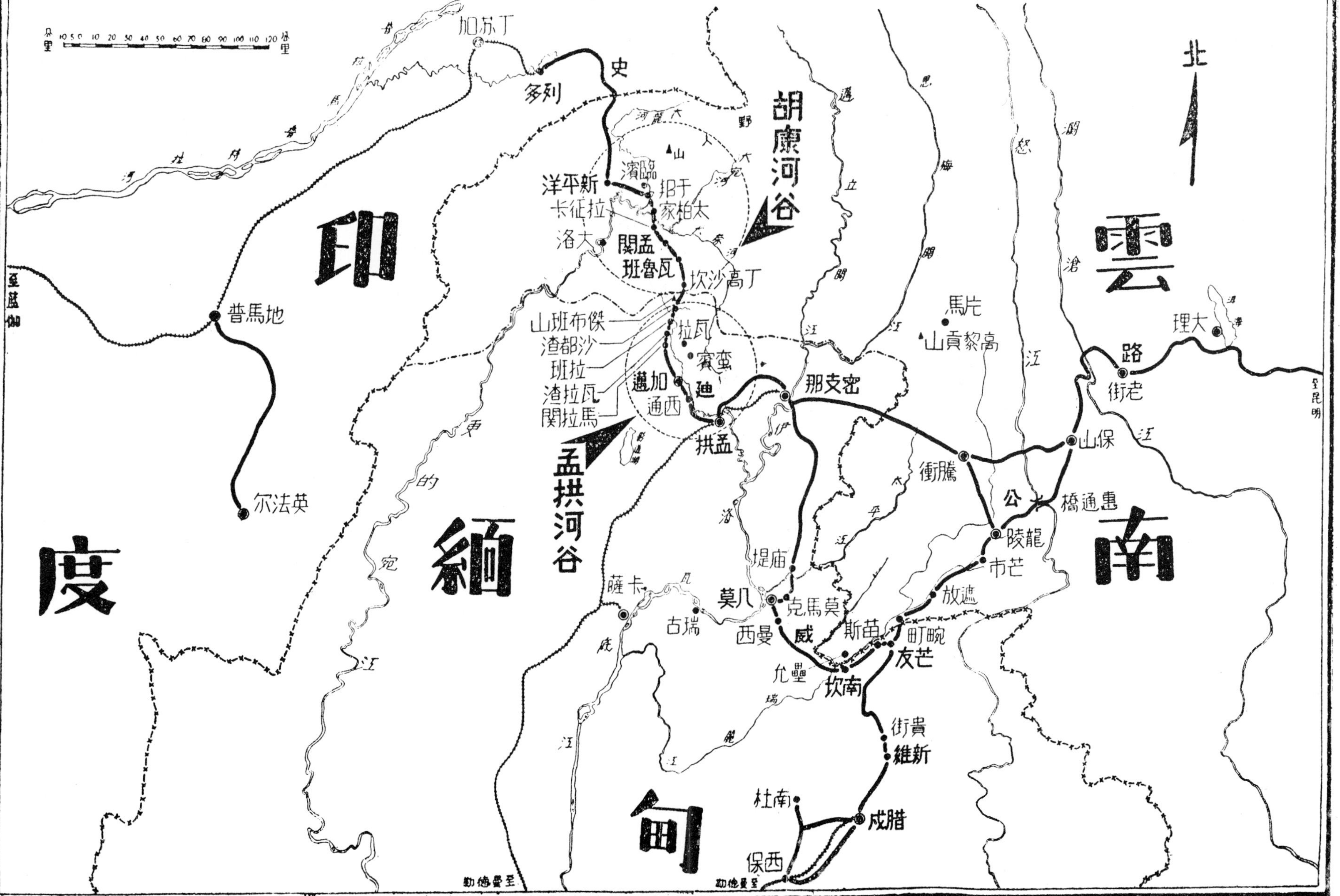

北
印度
緬甸
雲南
胡康河谷
孟拱河谷
史
迪
威
公
路
列多
新平洋
臨濱
于邦
太柏家
拉征卡
大洛
孟關
瓦魯班
丁高沙坎
傑布班山
沙都渣
瓦拉
拉班
瓦拉渣
馬拉關
蠻賓
加邁
西通
孟拱
密支那
騰衝
保山
惠通橋
龍陵
芒市
遮放
畹町
芒友
苗斯
南坎
壘允
八莫
莫馬克
曼西
瑞古
卡薩
廟堤
貴街
新維
臘戍
南杜
西保
片馬
高黎貢山
大理
老街
至昆明
地馬普
英法爾
至曼德勒
至曼德勒

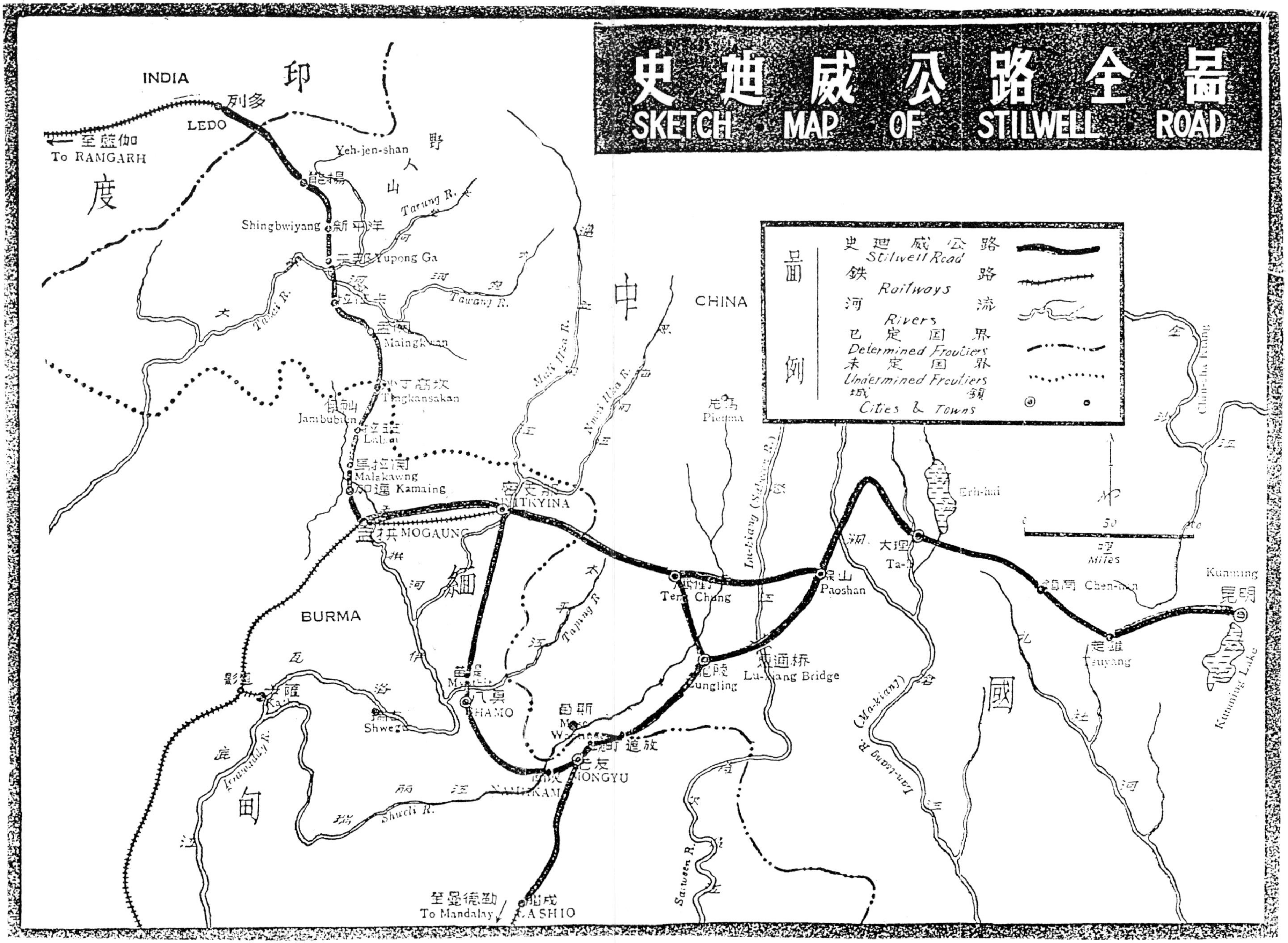

史迪威公路全圖
SKETCH MAP OF STILWELL ROAD
圖例
史迪威公路
Stilwell Road
鉄路
Railways
河流
Rivers
已定国界
Determined Frontiers
未定国界
Undermined Frontiers
城鎮
Cities & Towns
50
Miles
INDIA
印
度
列多
LEDO
至藍伽
To RAMGARH
Yeh-jen-shan
野
人
山
Tarung R.
Shingbwiyang 新平洋
Yupong Ga
Tawang R.
Maingkwan
Tingkansakan
Jambubum
Malakawng
加邁 Kamaing
MYITKYINA
MOGAUNG
中
CHINA
Mali Hka R.
Nmai Hka R.
Pienma
Erh-hai
大理
Paoshan
Teng Chung
Chen-nan
Kunming
昆明
Tsuyang
Kunming Lake
Lu-kiang Bridge
Lungling
BURMA
BHAMO
Myothit
Taping R.
Shweli R.
NAMHKAM
MONGYU
畹町
Irrawaddy R.
Katha
Shwegu
國
Salween R.
Lan-tsang R. (Makiang)
Luchiang (Salween R.)
至曼德勒
To Mandalay
LASHIO

民國五十年間，「緬甸蕩寇誌」作者孫克剛與孫立人將軍在臺中向上路寓所前合影。

• 作者孫克剛先生遺照 •

僅以此書

獻給印緬作戰英勇將士

孫克剛 三五、一、一九、

作者孫克剛先生於「緬甸蕩寇誌」在上海初版時，於扉頁上親自題詞留念

重刊前言

先父克剛公二十七年大學畢業，適值抗戰軍興，毅然投筆從戎，參加軍中政訓工作。三十一年隨新三十八師入緬作戰，親睹仁安羌之役。嗣因戰局逆轉，隨軍進駐印度藍伽整訓，部隊擴編爲新一軍。三十二年冬，國軍反攻緬甸，歷經大戰七百，殺敵十萬，克地十五萬方里，迄至三十四年三月打通中印公路凱旋歸國爲止，從未離開過戰場。勝利之後，遂將其親身參加親眼所見之國軍戰鬥實況，編撰爲《緬甸蕩寇志》一書，我國軍健兒對日作戰中最輝煌的戰績得以紀錄下來。

四十四年，所謂「孫案」發生，這一本紀錄抗戰官兵英勇故事的小册子，遂被視爲禁書。藏有是書者無不將其銷燬，三十多年來，坊間已經絕迹。

先叔祖立人將軍幽居臺中期間，困頓斗室，常翻閱是書，聊抒其積鬱胸懷；偶有所感，批註於書之眉端，留待史家公論。惟是書經其親加校閱評註之後，益增其史料價值。該書交鄭錦玉先生攜美珍藏，現經其攜回重刊，並由鄭先生撰述「一個臺灣人心目中的孫立人將軍」一文說明經過，附刊於後。

今重刊是書，易名爲「中國軍魂——孫立人將軍緬甸作戰實錄」，並將孫將軍應當時歐戰統帥艾森豪威爾將軍邀請參觀訪問歐洲戰場紀錄一文編入。復承蒙羅超群先生提供其所收藏之國軍印緬作戰照片，刊於「中國軍魂——孫立人將軍永思錄」一書內，各種鏡頭，至爲珍貴。使得印緬作戰將士忠勇之影像與事蹟，重現於國人面前，用以告慰忠魂，並狀其豐功偉業於不朽。

先叔祖立人將軍，一代名將，善於用兵，戰必勝攻必克，在印緬地區之戰績，已載於本書；而其治軍帶兵之道，則詳見另出版之「中國軍魂——孫立人將軍鳳山練軍實錄」一書內；至先叔祖之立身處世以及對子女之教養，叔祖長公子孫安平先生所撰「我的父親」一文，追述庭訓，亦多道及，本書併予收錄於後，藉誌懷念。

孫善治　謹識於八十一年清明節

再版序言

「緬甸蕩寇志」初版三萬册在廣州印行以後，由於交通梗阻，使它的銷路侷促於港、粵、南洋一帶，其中只有過二千本運到天津，和一小部份運到上海，那是最近的事。南京、漢口還沒有它的蹤跡，其他內地讀者，當然更不知道有這本書的存在了。

雖是發行的地域很小，而三萬本書畢竟是在短短的四個月時間內銷完了，這是國人敬愛抗戰英雄和珍視遠征軍光榮史蹟的結果，堪以告慰於揚威異域勞苦功高將士們。

初版出書，因為時間匆促，和當時當地印刷條件的限制，令人不能滿意的地方很多，尤其是字體陳舊，印刷差池，看起來異常費力。這一版改用老五號字排印，銅版挿圖也放大了許多，我想可能把過去的缺陷彌補起來。

孫克剛

三五、八、十、上海

前言

國軍在緬甸的戰鬥，是近代史上值得大書特書的事。這本小册子的原稿，曾在廣州建國日報連載兩個多月，報館轉來許多讀者函件，要求發行單行本，朋友們便鼓勵我把它刊印出來。

緬甸戰役有兩次：第一次是在三十一年春間，國軍從雲南進入緬甸，這支部隊，被稱作中國遠征軍，或中國入緬軍；後來戰況變化，一部國軍——以新三十八師爲主力轉入印度，結束了保衞緬甸的戰事，而產生了新的中國駐印軍；第二次緬戰，是從三十二年冬天，駐印軍由印度反攻入緬起，到三十四年三月攻佔臘戍西保，打通中印公路凱旋回國爲止。這兩次緬戰，在表面上看，第一次是保衞戰，第二次是反攻戰，時間也有一年多的間斷。但實際上，有第一次緬戰的挫折，才有第二次的勝利，有中國入緬軍轉入印度，才有中國駐印軍的產生；同時，第一次緬戰中新三十八師仁安羌之捷，是中國入緬軍最光輝的戰績，第二次緬戰，新三十八師又是駐印軍的先鋒、新一軍的勁旅；所以談到駐印軍或新一軍，必先談到新三十八師。說起第二次緬戰，必先從第一次緬戰說起，這是決定本書範疇的立場。

兩次緬戰，筆者都始終跟隨着部隊，本書資料，大部份是親眼所見，一部份取之於戰鬬紀錄和實地作戰官兵的談話，拿歷史學的眼光來看，應該算是原始材料。其他有關緬戰資料，如戰地記者的通信報導，和軍中編印報刊的記載等等，也都儘量搜羅。不過，成書時間倉促，遺漏之處，在所難免，還望同過戰地生活的朋友們多多指正。

貴陽中央日報記者戴廣德君，著有「我們怎樣打進緬甸」一書，其中一部材料，係由筆者供給，間或與本書有雷同之處，合亟聲明。

本書承何鐵華先生設計插圖裝幀，陳力國先生繪製地圖。吳自強、鄭昌明二先生糾誤校訛，併此致謝。

孫克剛

三五、一、一九、廣州

中國軍魂——孫立人將軍緬甸作戰實錄

目次

一　曼德勒衞戍司令

三十一年，當日軍連破馬來、星洲，席捲中南半島，長驅入緬，聲言與希特勒納粹匪軍會師中東的時候，國軍應盟友英國之請，源源開入緬甸，協助英軍共同保衞這一塊印度的屛藩，和當時我國唯一對外交通線的滇緬公路，新三十八師就在這種偉大而艱鉅的任務之下，踏上了異國的征程。

一羣滿懷興奮的健兒，邁開雄闊的步伐，從貴州興義走到雲南安寧，在那兒特有的溫泉裏，洗清半個月來行軍中渾身上下所積起的塵垢，把這一溝肥水，留收在祖國的田野裏，作爲暫別國門的紀念。

三月二十七日早晨，安寧縣公路左傍，擺起了一列冗長的汽車行列，車上貼滿紅綠紙條，上面寫着一些：「歡送新三十八師出國遠征」「揚威異域」「爲國爭光」一類使人興奮的標語，老百姓夾道歡呼，砲竹聲不絕於耳，沉重的馬達響聲，漸漸掩蓋了人羣的叫囂，帶走了這羣遠征戰士。

四月二日，遠征列車的先頭部隊到達臘戍，最後的隊伍也在五日全部趕到，並且立刻接受了警衞飛機場的任務。

四月七日，新卅八師奉命除留一營兵力警衞臘戍飛機場外，全部均向曼德勒推進。

曼德勒又叫瓦城，在伊洛瓦底江中流，是緬甸第三故都，第一故都叫勃臥，在仰光東北的勃臥河岸，第二故都叫阿瓦，在曼德勒的西南，這個第三故都便是緬甸亡國時的都城。它的建築有許多和北平類似的地方，也有皇城，新卅八師司令部和直屬部隊，便是駐在皇城營房裏面，皇宮傍邊有很大的佛寺，和尚已經不知去向，皇宮建築得很壯麗，但却只有一路直房子，假如把屏門統統去掉，簡直就成了一個大甬道，光線非常不夠，叫人看起來怪不順眼，左邊橫伸出來兩間房屋，裏面陳列一些緬甸歷朝的衣冠文物和皇子皇妃的塑像，皇宮門口擺着兩尊古砲，左右都堆着許多十六磅鉛球似的砲彈，據說這兩門砲，當初在京城保衞戰的時候，還曾立下過歷史上的功勞。當時曼德勒的情況，我只能寫下這點記錄，其餘的便是滿街瓦礫和漫天的大火了。

部隊進駐曼德勒的前三天，蔣委員長曾親自飛到曼德勒城東四十英里的眉苗，召集入緬國軍將領舉行軍事會議，決定派孫立人將軍擔負守衞曼德勒的責任，會後親赴曼德勒巡視，對於怎樣構築工事，怎樣清除街道，怎樣救災保民，都有詳盡的指示，並指出皇城左面的小山好像紫金山，伊洛瓦底江好像長江，曼德勒有如南京的形勢，而保衞曼德勒也和保衞南京同樣的重要。他說完了話，把手中一幅曼德勒全圖遞給孫將軍，孫將軍立刻領悟到最高統帥的意旨，他用挺立的姿勢雙手接過了這幅地圖，從堅定不移的目光中，表達出他接受任務和誓與陣地共存亡的決心。

四月十一日上午九時，警衞臘戌機場的彭營長，發現一架銀灰色飛機載來了一位戎裝使者，他下機後毫不休息即坐着吉普車向西飛駛。正午十二時這位使者趕到了曼德勒，他帶來了蔣委員長下給孫立人將軍擔任曼德勒衛戍司令的手令，於是曼德勒全城的斷垣殘壁上，都貼起了衛戍司令部用中英緬三種文字印製的佈告：

……本司令奉命衛戍是間，保此土，安斯民，職責所在，茲特與全城民衆共約四事：一、放火者殺無赦，二、殺人越貨者殺無赦，三、充當敵人間諜偵探者殺無赦，四、造謠惑衆擾亂治安者殺無赦，其餘僧侶人等生命財產均在本司令保護之列，……

中國將領在外國地方擔任軍事行政長官這是第一次。

曼德勒是緬甸第二大都會，商業繁盛，人烟輻輳，但當時已在敵機狂炸和敵間緬奸縱火下成爲闃無一人的廢墟，衛戍部的佈告漸漸發生了效力，再加上政工人員紛往四鄉宣傳撫慰和救濟的結果，良善的居民大都相率來歸，從破瓦頹垣中重建舊業，但通衢要道均已爲破磚碎瓦壅塞，被敵機炸死的屍體到處橫陳，在炎日的蒸曬下，發出強烈的腐臭，許多士兵揮着滿頭大汗在沿街打掃、掩埋，政治部派出人員重新編訂街道名稱，使市面交通逐漸恢復，只一個星期光景，便漸有市容，使這接近砲火的緬甸心臟，在焦土中復甦起來，成爲當時混亂緬局的安定力量。

（註）一、臘戍 Lashio　二、曼德勒 Mandalay　三、勃臥 Pegu　四、伊洛瓦底江 Irrawaddy R.
五、仰光 Rangoon　六、眉苗 Maymyo

二 仁安羌大捷

仁安羌大捷，是一個聞名世界的戰役，是近代史上中國軍隊第一次和盟軍併肩作戰所得的榮譽，是盟軍在第一次緬戰中唯一的大勝仗，同時更是一個奇蹟。因爲新卅八師在劣勢情況下，竟以不滿一千的兵力，擊敗十倍於我的敵人，救出十倍於我的友軍，這十足表現出中國軍人作戰精神的英勇與堅強。

當時緬甸整個戰鬬形勢，就盟軍方面來說：左翼爲國軍第六軍，當面之敵爲敵第十八師團；正面爲國軍第五軍，當面之敵爲敵第五十五師團；右翼爲英第一軍，當面敵爲敵第三十三師團。新三十八師在曼德勒，無形中有東西策應的任務。

四月十四日，由於英軍第一師放棄馬格威，改守仁安羌，引起盟軍右翼的嚴重局面。新三十八師的一一二團和一一三團先後奉命由副師長齊學啓將軍率領，開往納特曼克與巧克柏當兩地佈防，負責支援英軍和掩護正面國軍的側背，曼德勒衞戍的任務，只留下一一四團的兩個營擔任。至於一一四團的第一營仍然留在臘戍，擔任飛機場的警戒任務。

敵軍探聽到英軍退守仁安羌的確息，馬上就分出兩個聯隊兵力，繞到英軍後方，佔領仁安羌油田，切斷英軍歸路，將英軍第一師全部和戰車營的一部，包圍在仁安羌北面一帶地區。又用一個大隊的兵力飛快佔據拚墻河北岸渡口附近，阻截英軍的救援，當時在拚墻河北岸和敵作戰的英軍，不過只是少數步兵和裝甲旅戰車山砲的一部份，自身都已難保，更無力分兵去救援在南岸被圍的部隊了。

四月十六日，在仁安羌北面的英軍第一師已經被包圍兩個晝夜，糧盡彈缺，水源斷絕，危急萬分，駐紮巧克柏當的一一三團，便奉到了立即馳援的命令。

救兵如救火，一一三團連夜奔趕，在十七日的黃昏時分，到達拚墻河北岸，在距河五英里的地方，進入準備攻擊的位置，當晚就展開了猛烈的戰鬥。十八日拂曉起，戰鬥更烈，孫立人將軍親自從曼德勒趕往前線指揮，正午十二時，拚墻河北岸敵軍肅清，英方催請我軍立刻渡河攻擊，當時我軍以兵力太少，而且南岸地形暴露，敵軍又是居高臨下，我軍站在仰攻的地位，如果攻勢稍一頓挫，敵人可能立即窺破我軍實力，這樣一來，不但不能達成解救英軍的任務，並且可能把一一三團陷入了危險的境地。因此，孫將軍決心暫時停止進擊，打算在黃昏以前用盡各種方法把當面的敵情和地形偵察清楚，再利用夜間去週密佈署，準備在第二天拂曉進行攻擊。英第一軍團長史林姆將軍對於孫將軍這樣計出萬全的籌劃，雖然表示十分欽佩，但怎樣才能使他的被圍部隊立刻解救出來，却是他更焦急的一個問題，因爲他接到被圍的第一師師長斯高特將軍的告急無線電話，報告被圍官兵已經斷絕了兩天的水糧，無法繼續維持下去，若是今天再不能解圍，便有瓦解的可能。所以史林姆將軍要求孫將軍無論如何要立即渡河攻擊援救，不能等到明天。後來孫將軍一再的解釋利害，並且請他打電話通知斯高特師長務須再忍耐一天。史林姆將軍正在猶豫不決的時候，斯高特師長又打來了第二次告急的無線電話，說是被圍的部隊已經到了最後關頭，再也不能忍耐一刻了。史林姆將軍臉上顯然是變了顏色，他凝視着孫立人將軍，目光慌亂，神情緊張，但孫將軍的態度却依舊是一樣的平靜，並再請史林姆將軍轉告斯高特師長說：「貴師既已忍耐了兩天，無論如何還要堅持這最後一日，中國軍隊一定負責在明天下午六點鐘以前，將貴師完全解救出圍。」無線電話中又以焦急而懷疑的語氣傳來「有無把握」的詢問，孫將軍截金斷鐵的回答他說：「中國軍隊，連我在內，縱使戰到最後一個人，也一定要把貴軍解救出險！」這句話使史林姆將軍大為感動，和孫將軍鄭重的緊握着手，認為這是一種「君子協定」。

十九日，東方魚肚白色還沒有出現，攻擊便開始了，破曉時，左翼部隊將敵軍第一線陣地完全攻佔，戰鬥轉進到山地裏，敵軍不顧一切猛烈反撲，我軍已得的陣地，三失三得。在敵軍優勢兵力的壓迫下，我軍必須要處處防備敵人偵知我軍的實力，所以用種種方法，設置疑兵，虛張聲勢，又用小部隊進行擾亂突擊，更教敵人無從判斷我軍的虛實，主攻部隊利用山砲，輕重迫擊砲及輕重機關槍的掩護，反覆肉搏衝殺，第三營長張琦流盡了最後一滴血，還拚出「弟兄們，殺呀！」的呼聲！弟兄們眼看着自己的長官壯烈的倒了下去，心頭熱辣辣的默念着他最後所發出的口令，含着眼淚，前仆後繼的拚死衝殺上去，一直衝上了油田，山凹裏，油田邊，都積起了一堆一堆的屍丘，這一場火網中夾雜着白刃肉搏的大戰，從午前四時繼續到午後三時，敵人的第三十三師團完全被擊潰了，他們丟下了一千二百多具死屍，退出陣地，我一一三團不過一千的戰鬥員兵中也傷亡了一半。這不但是一個冒險的攻擊戰，簡直是一個可怕的空城計，現在回想起來，還是毛骨悚然！

下午五時，我軍克復了全部仁安羌油田區域，槍砲聲漸漸的稀遠，敵人顯然是在加速往後撤退。我軍首先將被俘的英軍、美傳敎士，和新聞記者五百餘人解救出險，並將奪回被敵人搶去的英方輜重汽車一百多輛，交還英方。接着英軍第一師的步兵、騎兵、砲兵、戰車部隊等七千餘人和一千多頭馬匹都在我軍的安全掩護下，從左翼向拼墻河北岸退出，三天的苦熬已使他們狼狽不堪，一路對着我們的官兵，個個都豎起大拇指高呼「中國萬歲」、「蔣委員長萬歲」，更有許多軍官壓制不住感激的熱情，抱着我們的軍官跳了起來，友情的高揚已經到達了頂點，可惜當時沒有攝影師在場，要不然倒確是一幕動人的鏡頭。

仁安羌之役，在軍事上是一個奇蹟，國軍是以少勝多，以客勝主，以寡救衆。這一仗，不但表現出中國軍隊是有嚴格的訓練和旺盛的士氣，更表現出中國的指揮官有卓越的將材，有優高的判斷能力，有超人的戰術眼光，有膽大心細的斷然處置，同時，這一仗還不只是表現出中國軍隊作戰的英勇無比，並且顯示出中國文化傳統的優越性來，從孫立人將軍回答史林姆將軍的「中國軍隊戰至最後一人，也一定要把貴軍解救出險」的一句話語中，就充分發揚了中國軍人捨己救人和不背盟信的美德，以及中國軍隊和中國人民對道義的高深敎養，後來新三十八師轉進到英法爾時，又和英軍第一師碰在一起，彼此言語不通，相互以目光表達情感，有些英軍官兵見了我軍，眼眶中竟都含有感激的晶晶淚水，這種表情不只是在羨慕新三十八師的戰功，也不只是在感謝中國軍隊當日解救他們出險的好處，而是他們被中國軍隊捨己爲人的精神所感動了，對於這種誠摯的友情協助，他們常會終身感念不忘的。

由於仁安羌援救英軍卓越的戰功，孫立人將軍榮獲「英帝國司令」勳章（C. B. E.）和美國的豐功勳章。

(註)一、仁安羌Yenanyaung 二、馬格威Megwe 三、納特曼克Natmauk 四、巧克柏當Kyaukpadaung
五、拚墻河Pinchong R. 六、史林姆將軍Lt-Gen. W. J. Slim 七、斯高特將軍Maj-Gen.
Scott 八、英法爾Imphal 一譯作伊姆法爾 九、英帝國司令勳章Commander of British
Empire 簡寫C. B. E. 十、美國豐功勳章Legion of Merits

三　掩護轉進

仁安羌大捷後，敵人傷亡慘重，銳氣大挫，孫立人將軍迅即飛調在納特曼克待命的一一二團及衞戍曼德勒的一一四團（仍欠一營）開赴前線，計畫在二十一日拂曉來一回果敢的攻擊，先從敵軍右翼迂迴，斷其歸路，打算把三三師團的敵軍，壓迫在伊洛瓦底江東岸一鼓殲滅。

一一二團在二十日下午如限趕到前線，一一四團也在汽車輸送途中，一切攻擊佈置，都照預定計畫準備，不料當時全盤戰局，突然對我不利，英方有放棄緬甸的計畫，盟軍便決定全部撤出緬甸。新三十八師奉命撤到伊洛瓦底江北岸沿江佈防，掩護英軍和國軍的撤退，這一羣正在殺得興起的健兒，只得暫時收起雄心，執行掩護友軍撤退的新任務，開始轉進，敵人眼見我軍正在陸續增加，有積極準備攻擊的模樣，忽然間又向後撤退，弄得莫明其妙，不敢追擊。

二十八日，新三十八師全部渡過伊洛瓦底江，佔領東北岸的色格附近地區，作持久防禦計畫，以掩護友軍和盟軍撤退。當時我軍得到情報，知道東路敵軍已突入西保，進攻臘戍，有夾擊我軍的企圖。

三十日，敵機三十六架，轟炸色格我軍陣地。五月二日北撤盟軍，都已渡過伊洛瓦底江，最後一部，是九十六師的迫擊砲連和機關槍連的收容隊，在半渡中，被竄到色格對岸的敵軍便衣隊襲擊，接着敵軍先頭部隊也跟蹤追到南岸，和新三十八師掩護部隊，展開激烈的迫擊砲和機關槍的大戰，結果都被我軍完全消滅，盟軍和國軍全部安然渡過大江。新三十八師掩護撤退第一個階段的任務完滿達成後，又奉到以主力轉進到溫早繼續掩護國軍撤退的新任務，同時，又奉命派出一一三團星夜馳赴卡薩佔領陣地，對八莫方面嚴密警戒，掩護國軍的右側。

當時盟軍處境，極為不利，敵軍戰術，採用雙重鉗形攻勢，一路沿我軍退却路線，佔領色格，中路由同古陷曼德勒和曼打牙直趨新喀，這是內鉗。外鉗的企圖更大，左翼由棠吉攻陷臘戍，進攻八莫密支那，斷我國軍歸路，右翼一部沿清德溫江侵入米內瓦，一部溯江而上直趨卡里瓦，截斷英軍歸路，盟軍便被裝進了一個大袋子裏面。孫立人將軍對於敵人這種毒辣的企圖，看得十分清楚，因此，他非常着急，他匆匆從色格趕到依烏，把當時的敵我狀態，口頭報告給緬甸軍總司令亞力山大上將，他建議請英方配屬我軍一部砲兵和幾輛坦克車，我軍便可用新三十八師全師兵力，先和侵入米內瓦之敵作一決戰，把它的左鉗斬斷，然後再從容部署，使敵人不敢有進窺卡里瓦的打算，這樣，戰局一定可以轉好，盟軍才可以安全退出緬甸。亞力山大將軍對於孫將軍的意見，雖然十分稱讚，但對要求英軍砲兵和坦克車配屬作戰，則婉詞謝絕，他的理由是英軍已經奉命撤往印度，不便再作攻擊的措施，並且山砲及坦克車都已後撤，一無汽油，二無給養，不堪再戰，孫將軍認為這一舉關係盟軍全部的安危，一再堅決請求，終無結果，後來這些大砲、坦克車和輜重汽車走到卡里瓦，被敵軍把路截斷，全部丟毀在清得溫江的東岸，國軍也因此而陷入苦戰，實在是非常可憾的事情！

孫將軍回師擊滅米里瓦追敵的計畫，既不獲實現，便按照原定日程行動，在八日下午到達溫早，隨即向密支那前進。十日，新三十八師的主力到達米咱，得到八莫密支那都已被敵軍佔領的消息，判明敵軍對我雙重鉗形攻勢已經完成，同時又得到一一三團正在卡薩苦戰，和一一二團在溫早被圍的報告，孫將軍面對着這種嚴重局勢，認爲不出奇制勝，便會遭受到不可想像的結局，他下決心轉回溫早，先解救一一二團，打擊尾追的敵軍，以頓挫其追勢，然後再作打算。這種返身再戰的戰法，完全出敵意表，在溫早包圍一一二團的敵軍，竟不知此支援兵從何而來，頓覺驚惶失措，我軍內外夾攻，殺聲震天，一日一夜，斃敵八百餘人，殘敵死命奪路逃竄，一一二團安全出圍。十三日拂曉，敵又集結大部兵力向我軍左翼猛攻，把溫早通八莫臘戍的交通線完全截斷，這時其他國軍已向北方轉進很遠，新三十八師孤軍落後，給養彈藥都缺，雨季又即將到來，孫將軍因爲所負掩護撤退的任務已經達成，便決定從溫早折向西北行進，當時敵人的空軍雖然十分活躍，但被我軍聲東擊西的戰法所迷惑，不知道我軍究竟退往何處，新三十八師乃得在深山森林的蔭蔽中安然轉進。

新三十八師主力在溫早脫離戰場之後，即向西北山地日夜兼程行進。十六日到達刊帝，走入兩邊都是懸崖峭壁的山谷當中，四面沒有路徑，必須從峭壁所夾成的拉馬河中涉水行走，幸喜是乾季，水不太深，淺的地方還不過膝，深處也只淹到腹部，當時官兵實在疲困不堪，勉強打起精神在河裏走了一日一夜，上岸時，有許多人腿腳都被泡得腫脹起來，大家還笑嘻嘻的互相慶賀，都說是假如雨季早到幾天，全師官兵就不知道要伊於胡底了。

十八日下午，部隊轉進到清溫江左岸的旁濱。敵人的淺水砲艦和汽艇正在溯江上駛，旁濱已經滿佈了敵探和便衣隊，前臨大水，後有追兵，官兵們都捏了一把大汗，孫將軍明知道當時的旁濱已經是敵人第五縱隊出沒的區域，察言觀色，便可以看出有許多老百姓都已被敵人利用，態度上處處有甘心爲虎作倀的表露，便決定馬上渡江，一面下令準備竹排木筏，一面親自和當地縣長蛇委，虛張聲勢，故作佈防模樣，以遲緩敵人的追擊，震懾敵便衣隊和緬奸的蠢動，部隊以最迅速的行動，趁着黑夜全部渡過大江。孫將軍在部隊主力渡江完畢後，自己才渡了過去，果然在孫將軍過河後還不到一刻鐘，對岸便槍聲大作，剛才的老百姓都一律換上白衣跟敵人的便衣隊混合起來，向我掩護渡河的部隊襲擊，幸而我軍事先已有週密的戒備，部隊渡河迅速，不然全師便將混亂不堪。第二日敵追兵主力趕到旁濱，又和我掩護渡河部隊發生激戰，一直至二十一日下午，才把追敵擊退，打死了二百多敵軍，救出被俘的友軍和英軍官兵三十餘人，這時適逢天降大雨，掩護部隊便借着雨霧的掩護，安然渡江，趕上師的主力。二十七日，新三十八師，除一一三團因在卡薩戰鬥時失去聯絡外，其餘全部都到達印度英法爾東南十八英里的普拉村，集結待命。

新三十八師從四月五日開赴臘戍，到五月二十七日主力轉入印度，時間雖還不滿兩個月，但它創造了仁安羌大捷的奇蹟，完成掩護全部在緬盟軍撤退的艱鉅任務。同時，它也遭受過若干次驚濤駭浪的危險：在溫早，要不是孫將軍判斷得正確和處置得快，那不但一一二團無法解圍，敵人並且很可能利用公路，使用機械化部隊，把一一二團一下攻潰，然後跟蹤追擊師的主力，戰局前途，便將不堪設想；又如在拉馬河中涉水行走時，如果來一陣大雨，則全師官兵都有沒頂的可能；在旁濱，如果遲渡半日，敵人趕到，就將無法渡過寬闊的清得溫江，新三十八師的命運，便將不可想像，然而每次都因孫將軍的處置得當，指揮若定，終能化險爲夷，恰到好處，無怪乎當時新三十八師的許多官兵都異口同聲的說：「我們的師長是和諸葛亮一樣的能謀會算呢！」

從旁濱到英法爾，一路上由緬甸逃出的印度難民和華僑，成千累萬，絡繹於途，因爲氣候乾燥炎熱，他們大都病苦狼狽不堪，我們官兵很多自動的把自己水壺裏剩下極有限的水，倒給病人喝，分出背袋裏的糧食給難民吃，難民羣裏有一個孕婦因爲病得太苦，自己不想活，好幾次跳入水塘裏，弟兄們都把她救了起來，有一個七十多歲的老太婆病餓得不能動，弟兄們輪流的把她擡到印度，孫將軍還把以前擔任曼德勒衞戍司令時，蔣委員長發下來犒賞清除街道士兵的餘款三千羅比，撥作救濟沿途難民之用，中華仁義之風，澤被了天竺古邦。

（註）一、色格 Sagaing 二、西保 Hsipaw 三、溫早 Wantho 四、卡薩 Katha 五、八莫Bhamo 六、同古Toungoo 七、曼打牙Madaya 八、新喀Singe 九、唐吉Tounggyi 十、密支那Myitkyina 十一、清得溫江Chindwin R. 十二、卡里瓦 Kalewa 十三、依烏 Ye-u 十四、亞力山大將軍Gen. H. R. Alexander 十五、米咱 Meza 十六、刊帝 Kaget 十七、拉馬河 Lama R. 十八、旁濱 Paungbyin 十九、羅比 印度及緬甸幣名

四 卡薩之役與齊學啓將軍

一一三團在溫早奉令趕到卡薩後，即在伊洛瓦底江西岸沿江構築防禦工事，對八莫方面嚴密警戒，以掩護轉進國軍的側背。當時佔領八莫和密支那的敵軍正在向西挺進，準備和仁安羌北進的敵軍會師，好使它預定的鉗形攻勢，迅速的結合成功，把我遠征國軍壓迫在印緬交界的山岳地帶中圍困起來，新三十八師副師長兼政治部主任齊學啓將軍便在這時奉命到卡薩前線指揮。

五月九日，卡薩江邊發現有大批新砍的樹枝、竹子和木板等順流淌下，劉放吾團長判定上游一定有敵軍渡河，便吩咐左地區隊要特別小心，注意北方的動靜。次日下午三時，果然有三十多個緬民打扮的人乘坐竹排在我軍前哨連的渡口渡江，被我警戒部隊喝止退去，四十分鐘後，便有大批敵軍從前哨連左側猛撲而來，跟着江東岸砲火齊發，又有一批敵軍強行渡江，同時上游敵軍也藉着東岸砲火的掩護乘着十多艘用帆船改裝汽車馬達的臨時汽艇，在我右地區隊前強行登陸，這兩路強渡的敵軍都被我軍迫擊砲機關槍打得落花流水，左地區的陸上敵軍，獨力難支，也被擊退。夜晚十一時敵軍大約一個聯隊又捲土重來，齊副師長親在前線指揮，我軍利用側方熾盛的火力，迎頭痛擊，這時撤退國軍都已去遠，劉團便在敵軍攻勢頓挫的一刹那間，迅速轉入山地，敵軍突然不知我軍所在，判斷一定是在尋找渡江的地點，便四下派出輕快部隊沿江扼守。劉團從仁安羌到卡薩，前後經過二十多天的苦戰，官兵絲毫未得休息，實在不能戀戰，同時又是糧彈兩缺，只好避開敵人，另從山中開闢小路，攀籐附葛扶創忍痛的向印度轉進，五月三十日他們趁着月夜，在南先慶悄悄渡過了清得溫江，六月八日到達英法爾，歸還建制。

部隊統統都到了印度，獨獨不見齊學啓將軍，他是在劉團從卡薩轉進的前一天，接到孫立人將軍的電話要他轉回師部，並且約定第二天清早三點鐘，派汽車去接他，後來汽車由葉遇春副官率領按時到達約定地點，候了四個鐘頭，竟不見齊將軍的蹤跡，這件事情，一路上使孫將軍坐臥不安，三番五次派出諜報人員偷到當時戰鬥的地點去覓探，畢竟毫無消息。

部隊從列多移到藍伽以後，才從英方醫院裏轉來了一個士兵，他是當時追隨齊將軍而唯一脫險者，從他的口中，才得到了齊將軍一段令人感泣遭遇的經過：

當齊將軍接到孫將軍的電話以後，即對劉團長把未來的行動詳細指示一番，他便坐着第五軍派歸他指揮的裝甲車，趕往曼西第五軍軍部，把車輛歸還建制，並向杜軍長報告劉團戰況，和孫立人將軍要他回部的電話。齊將軍得到杜軍長的准可以後，就打算找車趕往約定地點，可是當時第五軍正在準備轉進，車輛十分困難，因而延誤了時間，後來他又想起新三十八師有一部份負傷官兵，留在第五軍野戰醫院裏療治，放心不下，又跑到病房裏去撫視一番，這時負傷官兵已聽到消息，往後沒有車輛接送，不管輕傷重傷全要靠着兩條腿走路，大家正在驚慌失措的時候，陡然見到了副師長，簡直如同見到父母一般，不禁悲喜交集，異口同聲都要求隨他行動，齊將軍眼看着從戰多年袍澤的淒情慘狀，眼淚早已奪眶而出，慨然答應了他們的請求。這時敵軍正在大舉增援，猛撲一一三團陣地，在戰況緊張中，齊將軍和劉團長及孫將軍都失去了聯絡，便決心不離棄傷兵同袍相率向山林中覓路西進，追尋部隊。傷重的起初還能夠勉強撐着走，後來便漸漸的支持不住，扶創掙扎，痛苦萬狀，齊將軍一一慰撫，用精神來鼓勵他們忘却痛苦，又在村中買了幾條黃牛，讓眞正不能行走的騎坐前進，用盡了種種方法，才輾轉走到清得溫江岸的孟坎，重傷官兵的創口又發起炎來，連騎在牛背上都不能走，齊將軍再去設法買來竹子編成竹筏，乘着大水準備順流去荷馬林。五月十九日，竹筏漂划到荷馬林以南八英里的地方，突被敵軍騎兵追來，在輕重機關槍的橫掃之下，除極少數二三個人僥倖跳水逃生外，其餘的人，不是死亡，便是重傷，齊將軍的下落，也就從此不明了。

這一段驚人的消息，使新三十八師的每一個官長和弟兄們都不安起來，大家朝夕祈禱着齊將軍平安健在，早日脫險歸來。

美軍攻入菲律濱以後，不知從哪裏傳來一個關於齊將軍的喜訊，說是在美軍解放菲島的戰俘中，有新三十八師齊副師長在內，並且他還和蔣委員長的顧問端納先生住在一起，這個消息曾使新一軍的官兵們歡喜若狂，奔走相告，大家都認爲這是「吉人天相」。不料這個消息，只是曇花一現，正在大家驚喜交集的時候，忽然又傳來了齊將軍壯烈成仁的噩耗！

最後發出齊將軍成仁消息的，是大公報仰光特派員黎秀石先生，他在三十四年五月十四日重慶大公報的仰光專電中有這樣一段的報導：

前新三十八師副師長齊學啓將軍，於三月八日，為寇刺傷腹部，三月十三日傷重逝世，那一天，是所有盟俘最傷心的日子，他們齊向齊將軍的慘死致哀，對日寇劊子手的暴行深惡痛絕。據恢復自由的若干盟國戰俘對記者說，齊將軍的確是中國的偉大軍人，他是中央監獄裏數百戰俘中最受人愛戴與最能給人援助的人物，在英美袍澤的眼裏，他是黑暗時期的光明與鼓勵的源泉。在這三年的黑暗地獄中，他對盟國最後勝利的信念，從未動搖，並曾屢次拒絕了日寇「誘令」加入寧偽組織的陰謀，三月七日，日偽曾作最後的嘗試，但給齊將軍臭罵一頓，第二天，齊將軍便被刺傷了。有一位解放了的盟國戰俘對記者說：「齊將軍在解放前夜被謀殺了，這是最慘不過的事，但我向你保證，齊將軍將長留在我們的心裏，他是我們最黑暗的日子中最偉大的友人。

後來，在仰光解放的盟國戰俘都陸續運到了加爾各答，據他們的報告，齊將軍被俘經過和遇難情形，都和先前那個士兵及黎秀石先生的報導差不多，只是其中情節有大同小異的地方，葉蓬，這個死有餘辜的大漢奸，他還親自跑到仰光監獄裏，整整勸了齊將軍三個月，結果被齊將軍罵得狗血淋頭，憒憒的夾着尾巴回去了。

「慷慨成仁易，從容就義難！」古今忠義之士，拋頭顱，灑熱血，或者是馬革裹屍，或者是彊場暴骨，但他們反不如未死的蘇武和未斷頭的顏嚴出名，原因就在慷慨成仁和從容就義間的易難不同。忽然間的死去，那是很容易的一件事，假如在死以前，給你許多考慮，一邊是痛苦的死，一邊是享樂的生，一邊刀鋸鼎鑊，一邊是高官厚祿，而你不爲所動，爲了義你樂於去死。這種死難就是孟子所說的「捨生取義」，他和慷慨成仁完全不同，有了忠勇的懷抱，就可以去慷慨成仁；至於捨生取義的人，他除了具有忠勇懷抱的條件之外，更須要有堅定的信仰，冰雪的節操，然後才能見危受命。宋文天祥兵敗被擄，被囚三年，矢志不移，罵賊被殺，是我國孤忠節烈的巨擘，齊將軍際遇之苦，殉難之烈，足和文山先生媲美而毫無愧色。他從三月八日被刺到十三日傷重逝世，這中間還有六天的時光給他考慮，只要他肯向敵僞點一點頭，敵人馬上會將他的創傷治好，另眼去看待他。他當時被刺的地方，也並不是致命的要害，獄中有一位英國上校醫官曾經想盡種種方法，找來一些藥品，想替齊將軍醫治，但是被敵兵制止了，後來因爲天熱傷口發炎潰爛才漸漸的沉重以致於死，這種從容就義，眞是精忠貫日，氣節凌霜，不能只以一般忠臣義士的死節來作比擬，無怪乎他在獄三年，做了盟友們黑暗時期光明與鼓勵的源泉！精誠所至感人極深，我們可以說，齊將軍的肚腹，比張睢陽的牙齒，顏常山的舌頭，更足以表現中華民族的正氣所在！

我們固不必爲死者謳歌什麼死有重於泰山，但我們必須要表揚這種民族的正氣，齊將軍在英美盟友衆目共睹下從容就義，使他們認識了中國軍人的崇高和中華民族的偉大，將來會由這些人的口中筆下，將中華民族光彩的故事，傳播到全世界的每一個角落，令人謳歌讚頌，使齊將軍之血灌漑的民族之花，在地球上發榮滋長，給人們留下永恆的紀念和崇高的景仰，我們要拿他這種磅礡萬古的浩氣，來豎起振頑立懦的基石。

齊將軍治軍，溫厚宜人，與孫立人將軍的嚴肅，恰能相濟而行，對部下要求，只問效率，不管形式，和孫立人將軍的明察秋毫又恰能相輔。往往在孫將軍盛怒責難之下爲僚屬解頤，所以軍中對他二人有嚴父慈母之稱。尤有以啓發人的：是齊將軍刻苦自勵，愛好讀書、治軍之外，總是手不釋卷，對兵學及儒學都有極深的造詣，所以能沉潛於仁義之中，從容乎疆場之上。僚屬有過失時，他總能引經據典，說得你心悅誠服，但是他如果發現你有不忠不義不誠實的行爲，少不得也要厲聲痛斥。孫將軍最崇敬的古人是岳武穆，他最崇敬的古人是文天祥，所以「滿江紅」成爲新三十八師人人必須會唱的軍歌，「正氣歌」成爲新三十八師人人必讀的政治課程。「人生自古誰無死，留取丹心照汗青。」這是齊將軍愛讀的詩句，於今，他當眞追隨文文山而去了，我爲國家痛悼失去這樣一員堅貞的將領，但我也爲國家欣慶產生了這樣一位萬邦欽敬的英雄，替國家爭面子，爲軍人樹楷模。

（註）一、南先慶 Nawngsankyim　二、荷馬林 Homalin　三、加爾各答 Calcutta（印度第一大都市）

五　初入印度

新三十八師到達印度的消息，傳到了英國東方警備軍軍團長艾爾文將軍的司令部裏時，使艾爾文將軍大爲驚異，他眼見由緬甸退回印度的英軍三五成羣，衣衫襤褸，裝械俱失，狼狽不堪，以爲新三十八師擔任掩護撤退的任務，孤軍殿後，經過艱辛的苦鬥和長途跋涉，一定更要比英軍狼狽十分，甚或竟已成了無紀律的潰軍。的確，新三十八師遭遇的艱苦，恐怕還不是艾爾文將軍所能想像得到的，從仁安羌之役起，一直到轉進到印度，這一個月當中，新三十八師，無日無夜不在緊張危險的局勢中，苦撑惡鬬，尤其是從刊帝到旁濱的一段，自古即爲印緬隔絕地帶，無路可通，官兵都從河裏涉水行走，不但忍飢挨餓，並且還不能有片刻睡眠的時間；但這一切的艱辛，都沒有減弱官兵們的精神，他們都明白這是中國軍隊第一次到印度，他們被「軍隊代表國家權威」的觀念鼓勵着，所以身體雖然已經疲困不堪，但精神却是格外的煥發。隨身裝備，除一部份襯衣褲和鞋襪，因爲輾轉作戰的關係，似乎稍嫌破舊外，其他軍服軍帽武器都是整潔齊全，軍容壯肅，紀律森嚴，這是出乎艾爾文將軍意料之外的事情。

艾爾文將軍既認爲轉入印度的中國軍隊已經成爲沒有紀律的潰軍，恐怕擾亂地方秩序，發了一個特急的電報到德里，給印度英軍總司令魏菲爾上將，準備把我軍繳械。恰巧緬甸軍總司令亞力山大將軍時在德里，極力反對，他主張不但不能繳械，並且還應該用客禮招待，他向魏菲爾將軍詳細說明新三十八師在仁安羌解救英軍和後來掩護英軍撤退的功勞。英第一軍團長史林姆將軍當時正在英法爾養病，聽到艾爾文將軍有繳除我軍武裝的意思，也馬上扶病前往阻止，他告訴艾爾文將軍，說新三十八師對於英國軍隊幫助太大，於情於理，應該加以協助才對，決不可以無理相待，況且該師具有堅強的戰鬥力，不但英軍不能順利將其繳械，恐怕還要引起不幸的結果，他還請艾爾文將軍先親自去視察一番，便可明白究竟。當時孫立人將軍也因爲國軍初到印度，不知道英方的態度怎樣，所以一方面把部隊屯紮在山上，嚴密戒備，一方面派人向英方交涉。後來艾爾文將軍果然親來拜訪孫將軍，孫將軍特別列隊相迎，艾爾文將軍見到我軍軍容嚴肅，和零星從緬甸退回的英軍相形之下，簡直有天壤之別，他帶着驚異和讚歎的表情回頭要他的部下多多跟中國軍隊學習，從此以後英印軍民都對國軍表示敬慕和愛戴，這是國軍初次在印度宣揚國威的光榮史蹟。羅斯福總統在頒受孫立人將軍豐功勳章的頌詞中說：「中國孫立人中將於一九四二年緬甸戰役，在艱辛環境中，建立輝煌戰績。仁安羌一役孫將軍以卓越之指揮，擊滅強敵，解救英軍第一師之圍，免被殲滅。後復掩護盟軍轉進，於千苦萬難中，從容殿後，轉戰經月，至印後，猶復軍容整肅，不減銳氣，尤爲難能可貴。其智勇兼備將略超人之處，實足爲盟軍楷模。」從這一段話裏，更可以看出新三十八師在第一次緬戰中的成就，和入印後的聲譽了。

由於新三十八師入印後的聲譽鵲起，引起盟邦人士對國軍的注意，六月十四日聯合國在印度首府德里舉行聯合國日閱兵典禮，國軍便被邀請參加，由新三十八師派出步兵一排，隨護遠征軍第一路司令長官羅卓英將軍出席，那一天，中國國旗和英美蘇各聯合國國旗，同時高升在異國首府的天空，中國官兵的聲音笑貌，爲聯合國家軍民另眼相看，在舉行分列式後，閱兵官講評，認爲當天參加檢閱的十一國軍隊當中，以中國代表隊步伐最整齊，精神最飽滿，軍容最壯盛，應當榮列第一。當晚，印度總督便在總督府裏舉行盛大宴會，特別宴請我們這一排被講評爲第一的中國官兵，席間總督對中國軍隊的精神訓練，備加贊揚！第二天，印度各報一致認爲中國軍隊初到印度，這是一個久戰的疲師，並沒有經過盟國的任何補充，在受檢閱的十一個國家當中，竟能壓倒一切獨露鋒鋩，實在是無上的光榮。當時德里氣候苦熱，寒暑表經常指在華氏一百〇七度左右，士兵多因爲受暑而鼻腔流血，但他們依然能保持着旺盛的精神，爲國家爭取榮譽的一頁，使盟邦人士立刻改變了對於皮膚和種族的歧視觀念。這一排士兵由德里回來，經過加爾各答時，加城僑胞，舉行盛大遊行，狂熱歡迎這批光榮的英雄。在過去，華僑在街頭行走時不准結集到十人以上，但是這一次却例外的得到當局特別准許，集合了六千多人的大行列，整隊遊行，英國人還自動來參加領導遊行路線，這是英人優待華僑的新紀元，更敎人深深地感覺到軍隊是代表國家權威和強國人民自由幸福的可貴。

原來取道回國的新二十二師，因敵軍已深入雲南，也轉向印度，在蠻荒的野人山中輾轉三月，飢、勞、病、苦，飽受艱辛，於八月四日經新平洋、哈巴采、仰龍、旁提，到達列多，旋亦集中藍伽。

六月二十日，新三十八師由英法爾轉開阿薩密省的馬黑里達休息整理，七月十五日開往比哈爾省的藍伽，進入整訓時期。

第一次緬戰，至此告了結束，入緬遠征軍改成了駐印軍，中國軍隊駐屯在異國的領域上，去追尋西遊記作者幻想中的佛國天地了。

（註）一、德里Delha　二、阿薩密省Assam（印度極西北的省份）　三、馬黑里達Margherita　四、比哈爾省Bihar　五、藍伽Ramgarh

六 佛國雜記

童年時代最愛看的三部章回小說——三國演義、封神榜、和西遊記，特別是西遊記，因爲作者把山水蟲魚鳥獸，甚至百年的大樹，千年的頑石，都人化起來，作爲全書活動的中心人物，這些都是最適合小孩子好奇心理的神話，一卷在手，寢食俱廢，對於捉迷藏的遊戲似乎也不覺得有趣了。當看到孫悟空經過火燄山燒去一身毫毛，豬八戒喝子母河裏的水懷了胎，唐三藏被妖魔捉進洞裏去要烹着下酒，都不禁要爲他們揑一把冷汗，眞是像煞有介事的一樣。以後進了學校，歷史先生告訴我：西遊記裏面人物都是虛構的，但唐僧取經的故事却是眞實的，一路經過許多危險困難也是眞實的，而且他當眞到達過目的地，並且把經文取了回來，這個目的地並不是什麼西方極樂世界，只是在中國西面一個佛教國家，那就是印度。從那時候起，我的腦海裏時常把印度佛國和西方極樂世界聯繫在一塊兒幻想，我並不因爲她現在是一個殖民地的國家，而忽視了她在佛教國中的地位。

隨部隊到了印度以後，我就很注意佛教徒的活動和佛教的建築物，但是使我失望的，是我一直沒有發現到什麼。後來經我留心的打聽，才知道所謂西方樂土，就在離藍伽不遠的一個地方。

汽車從藍伽沿着一條平穩的柏油馬路向西北行駛一百二十英里，到達伽雅，那裏就是印度佛教勝地，釋迦牟尼在這裏修成正果，西遊記所載的玄奘法師取經也是在這個地方。所謂靈山、雷音寺，都是確有其名，確有其地，而且都在伽雅的附近。這裏有一所帶着中世紀建築色彩的寺院，中間矗立着一座雄偉的金剛寶塔，建築從一個十六平方丈的長方形臺基上直砌上去，大約有二十多丈高，巍峨壯麗，參觀或禮拜的人，必須脫去鞋子，方可從樓梯上去。第二層上有一間很小的佛堂，光線很暗，神龕裏供奉着三尊七八寸高的佛像，隔着玻璃完全看不清楚，據說那就是孫悟空、豬八戒和沙和尙的神像。玄奘法師曾在這裏住過四年，研究經文。寺南緊靠着寶塔邊緣的正中有一株菩提樹，國內有好多信佛的朋友都紛紛去信索取這株樹的葉子，說這是佛門至寶，因爲釋迦牟尼就在這株樹下苦修悟道。樹後一塊古石上，印着有一雙很深的脚印，繞着寶塔周圍有許多以等距離豎起的石柱，石柱上端刻成蓮花，傳說那雙脚印是釋迦牟尼升天時所留下的遺跡，石柱上的蓮花便是地湧蓮花托佛上天的表徵。這樣一個佛教聖地，照理說應該是香火繚繞萬方膜拜了，但如今却被回教勢力所把持，不但沒有人去禮拜，竟連香火也斷絕了。這裏只有四個中國和尙，兩個是青海人，一個是西藏人，一個是湖北人，他們住在寺外幾間小房子裏，算是僅有的佛門弟子。其旁的雷音寺却被回教徒佔據，佛教徒根本沒有插足的餘地。眞的，好景不常，繁華易逝，佛教在印度，我僅發現到這一點古蹟，其他什麼也沒看見到，所謂「佛國」早已成爲歷史上的名詞。

說起印度的宗教，比世界上任何國家都要複雜繁多，隨便在任何一個鄉村市鎭的場合裏，你總可以發現到戴着各色各樣不同的帽子，留着各式各樣不同的頭髮，還有畫着五花八門臉譜的人，每一種的裝束，每一種的打扮，都是代表着每個不同的宗教。一般老百姓大都各有其宗教的範疇，就生活習慣方面來說：有的不吃豬肉，有的不吃牛肉，有的既不吃豬肉也不吃牛肉，祇吃羊肉，還有的根絕五葷，什麼肉都不吃，這些不同宗教信仰的人，居住又常是混雜在一起，往往因爲生活習慣的各有所厭而糾紛時起，最明顯的，在每一個火車站的旁邊，總是並排開着一家印度教飯舖和一家回教的飯舖，而且都是緊隔壁，我好幾次看到因爲回教飯舖伙計提着新鮮牛肉從印度教飯舖門口走過，引起印度教徒的公憤，連顧客也在內，大家大打出手，打得頭破血流，我很奇怪，爲什麼這兩家的飯舖彼此不離開遠一點？因爲生活習慣風俗的隔離太遠，所以宗教門戶觀念更深，成了印度各民族團結最大的障礙，印回對立，已從宗教問題，而擴大成爲政治以至於武力的紛爭。

除了宗教問題而外，還有印度教的社會階級制度。全印度教徒，大約有二萬萬三千萬，佔印度人口的三分之二，所以印度教的問題，便可以說是整個的印度問題。我們在中學裏讀歷史，就知道印度教的階級制很嚴，有婆羅門、刹帝利、昆舍和首陀羅四個階級，但是究竟嚴到什麼程度，是我在沒有去印度以前不能理解的事。三十二年七月，我從藍伽去到列多，因爲由車換船，在一個水旱聯運的市鎮，叫做杜柏里的地方，歇了一夜，住在當地一個律師公會裏面，那晚和七八個律師攀談得很久，他們都是屬於婆羅門這一個最上層階級的，他們很自傲的說起婆羅門人在社會上的地位，從領口裏掏出一條用棉線捻成的白色項繩，看起來好像和商店用作包紮物品的棉線繩索差不多，這就是婆羅門人的生而爲英死而爲靈的標誌。除了這件寶貝之外，他們通常在外出的時候，額上塗畫一道灰紋，據說這一面是表明階級，一面是表示死後可以早日超生。他們指着當面那條布拉馬普得拉河對我說，這條河叫做婆羅門之子，從這個名字，就可以看出婆羅門的偉大。他們又告訴我，除了我所知道的四個階級之外，還有一種賤民階級，又叫做不可接觸階級，這種人，被他們認爲「不潔之物」，不能進入廟堂，不能吸用村中公用的井水，路上遇到婆羅門人，要遠遠的躲開，如果走婆羅門的門口經過，被認爲「不潔」時，連他所跨過的門檻，都要用清水去洗過。這一段話，使我大吃一驚，這樣鴻溝壁壘的階級制度，團結從哪裏說起啊！我不禁又爲印度友人的解放問題，多懷了一層隱憂。

印度到現在還存留着五百六十二個土邦，總和起來，土地面積要佔全印度的五分之二，人口佔四分之一，這些土邦大小不一，大的像海德拉巴德土邦，土地面積和英國本土差不多，人口有葡萄牙的兩倍，每年歲收，超過七百萬鎊。小的像在印度西海岸的比爾巴里王國，面積不過一個半平方英里，人口只有二十七個，每年國庫收入七鎊。這些土邦王公的等級，要看他們走進英領印度時所受到歡迎禮炮的多少而定，在五百六十二個土邦當中，只有一百四十九個能夠受到這種光榮的禮遇，其中有五個享受二十一砲，六個享受十九砲，十三個享受十七砲，其餘的一百二十五個各享受十三砲或九砲不等。英國政府對於這些土邦的行政不加干涉，但如果土王犯有重大的罪過，也有貶爵和割職的處分。在印度總督的下面，設有專門管理土邦的部司，總督有權任命官吏，駐在各土邦監督。土邦都是專制政體，土王過着奢侈的生活。我曾經參觀藍伽附近的一個「皇宮」，裏面有近代化的建築和設備，還有寬敞的電影院，與肩荷戈矛中古式的「禁衛軍」，相形之下，令人在一室之內一宮之間，有隔世之感。土邦中也有很開明的，像麥索爾土邦的工業、水利和公共事業，都十分發達，船萬考爾土邦的教育普及，文盲很少，土王還廢除了不可接觸階級不能進入廟宇的禁令，這些設施比起英領印度來，還要進步得多了。

牛，也值得一提，牠在印度不但是生命有了保障，而且有的時候，牠比人的地位還高！據說交通規則規定，汽車撞斃一條牛，要賠償四百個羅比，輾死一個人，二百羅比便可了事，因此，牛的威風十足，不管是在鄉村都市，牠都是成羣結隊的擺來擺去。在加爾各答最熱鬧的喬爾基路，也常常看到牠們自由行動，不管你是公共汽車、小包車、軍用車或者是電車，遇到牛都只有暫時停駛，不敢碰掉牠的一根毫毛。甘地說過：「牛的保護是婆羅門教給世界的禮拜。」牛的保護便是人和他的啞弟兄訂立同盟契約之意。」從這幾句話，可以看出牛在印度權力的來源。有了這樣的保障，所以印度的牛，多到一萬萬八千萬頭，佔世界牛產的三分之一，差不多和印度人口成了一與二的比例。

（註）一、伽雅（即菩提伽雅）Buddha Gaya

七 藍伽二三事

藍伽是比爾哈省的一個小鎮，普通地圖上很難找出這個地名。這一帶土地，並不富庶，但風景却很秀美，有青碧的遠山和曲折的小河，窗前大榕樹把熱帶的陽光染得綠蔭蔭的，減少了瞳孔所感受的刺激。中國駐印軍選定了這裏作爲軍區，便開始埋頭訓練起來。

軍區的周圍面積大約有二十幾個平方英里，縱橫都有良好的瀝青石子公路連繫着交通，營房除利用英人原有的建築外，又在四週圍搭起一列一列的草黃色帳幕，操場不夠大，中國弟兄在附近地區砍去了很多叢密的樹草，建築成幾個範圍廣大的訓練場和靶場。

這裏訓練得十分緊張，訓練科目也十分繁雜。學術科之外，還有特殊的技術訓練，如爬山、爬吊桿、武裝游泳渡河等，一切都是爲着在森林中戰鬥的準備。因爲言語不通，政治部曾經辦過好幾班的外國語會話訓練班，分成英緬印文各組，但都因爲是速成的關係，沒有收到很好的效果，不過日子久了，受訓的人們也會用一兩句洋經濱式的外國話連帶着手勢，去和小鎮上的黑皮膚老闆們扯談。這裏去加爾各答很方便，坐火車一夜可到，只是由於訓練的緊張，很少人得到這個開洋暈的機會，輪派到當採買的官兵，往往把汽車開到附近的藍溪或者哈沙里巴兩個比較大的市鎮，去閒散一下，倒也是公私兩便的事情。

步兵訓練，完全是我們自己的軍官負責，至於特種兵訓練，則由美軍協助，先後舉辦了砲兵、汽車、戰車、通信、衞生、馬蹄等各種訓練班，後來又辦了一個戰術學校，分期調集國內將校到這裏來研究參觀，以溝通中美兩國對戰略和戰術的觀點。

駐印軍主力，在藍伽整訓了將近一年的時光，有許多值得大書特書的事情，現在擇其重要的寫在後面。

英皇授勳盛況：一月二日，是印度的一個隆重節日，叫做達爾巴日，照例是英國政府頒授勳獎的日子。一九四三年的達爾巴日，孫立人將軍被比哈爾省督邀請，去往藍溪接受英皇頒授的C・B・E「英帝國司令」勳章，原來這座勳章是英皇特派魏菲爾將軍代表在印度新德里頒授，因爲孫將軍練兵正忙，沒有閒空時間，所以改派比哈爾省督代表英皇在孫將軍駐地附近舉行，舉行授勳典禮地點是在藍溪的柔拉學校達爾巴廳堂。中英美高級將領都被邀請參加了這個盛典。典禮是上午十時開始，廳堂門外，有幾十個穿紅衣戴紅帽的印度人守衞，來賓進門之後，有一個印度人用盤子托着銀杯，大家都將手指去蘸杯裏盛着的香水，於是，每一個人都得到一包包着香料的樹葉在嘴裏咀嚼。主席臺上懸掛着英皇大像一幅，並有套着腥紅墊褥的古老椅子，褥上繡着繁複的金色、綠色、藍色各種花紋，省督的黃色大禮服也在袖上肩上和胸前佩飾着許多章紋。達爾巴開始了，軍事祕書向省督致詞引見，用和藹而恭敬的語調唱出「孫立人將軍」，孫將軍即起立前進到距臺一步的地方，和省督相對而立。「奉皇帝陛下的命令，今天本人代表陛下將C・B・E勳章授予孫立人將軍閣下，以紀念閣下去年在緬甸手創的驚人功績，和對閣下這種英勇行爲的崇敬。」省督一口氣讀完了勳章頌詞，臉上浮起微笑，親手替孫將軍將勳章配帶起來，與孫將軍熱烈握手。接着，參加典禮的高級將領和人員擁上前來和孫將軍握手道賀。下午一時省督在省府代表英皇歡宴孫將軍，賓主盡歡而散，中國指揮官以戰功贏取外國的司令勳章，這是頭一次。

何總長視察駐印軍：參謀總長何應欽將軍曾於三十二年二月間應魏菲爾將軍的邀請，飛往印度，在藍伽視察駐印軍，和官兵代表聚餐，考察士兵實際生活情形。在視察新三十八師戰鬥射擊時，何總長對於一一二團的一等兵王敬大加贊賞，王敬是一個輕機關槍射手，當他正在向假想的敵軍陣地瞄準射擊掩護步兵攻擊時，何總長蹲在他的背後，眼看着步兵已經接近對面高地目標還不到十步的距離，王敬的機關槍依然在咯咯的狂叫，子彈從步兵的頭上擦頂飛過，落在目標上揚起陣陣的灰塵，何總長恐怕會打傷了攻擊前進的步兵，立刻命令王敬停止發射，王敬似乎沒有聽到似的，依然繼續射擊，一直等到他看見步兵投出的手榴彈在目的物上爆炸時，他那挺機關槍咯咯的聲音才嘎然而止。他這才不慌不忙站起身來必恭必敬的向何總長敬了一個禮，何總長很高興的說他很好，和他握手，並且說回到重慶去一定頒發一個獎章給他；兩個月後，王敬胸前果然掛起一個光榮的獎牌。

先後到藍伽視察或是中途路過的，何總長之外，還有宋子文院長，毛邦初將軍以及許多其他高級將領。

新一軍的成立：三十二年三月中旬，駐印軍副總指揮羅卓英將軍調任國內要職，駐印軍簡化合併成爲新一軍，直接歸總指揮史迪威將軍指揮，以鄭洞國將軍任軍長，孫立人將軍任副軍長兼三十八師師長。

新二十二師師長仍爲廖耀湘將軍，另任胡素將軍爲在印度成立的新三十師師長。統帥部又陸續從國內調去及在印度新成立了幾個砲兵團、工兵團、汽車兵團、騾馬輜重兵團、獨立步兵團、戰車營、高射砲營、兵工營、通信營、特務營和人力運輸部隊等，使駐印軍的力量益形龐大起來。

追悼緬甸陣亡將士：三十二年四月十九日是仁安羌戰役週年紀念，新三十八師特訂於這一天舉行緬甸戰役陣亡將士追悼大會。會場佈置得莊嚴肅穆，林故主席特書「異域成仁」四個大字，懸掛在臺的中央，蔣委員長的輓聯，掛在正中央靈位的兩旁，上聯是「中華軍人魂仁者必有勇」，下聯是「世界烈士血異域永增光」，其他各中樞首長、國內機關團體，都送有輓聯誄文。大會的主祭人，是孫立人將軍，來賓中有中英美各國的將領，素車白馬，倍極哀思！

（註）一、藍溪 Ranchi　二、哈沙里巴 Hazaribagn　三、達爾巴 Darbar

八　進出野人山

從三十一年七月到三十二年一月，駐印軍在藍伽埋頭苦練了整整的六個月。他們訓練的科目，有爬山、上樹、武裝渡河、戰鬥射擊……等等，更特別注重森林戰術的運用。官長們盡心的教導，士兵們用心的學習，他們絲毫沒有虛度了這寶貴的時光。

滇緬路已經封鎖了一年，中國急需要打出一條國際的交通路線來，以取得盟國物質援助和加強抗戰力量，統帥部決定先行反攻緬甸，修築一條由印度直達昆明的中印公路，以達到當時的迫切需要。

三十二年的春天，駐印軍的補充訓練，大致完成，反攻緬甸、打通中印公路時機緊迫，不容延緩，孫立人將軍負起前敵司令官的任務，統率新三十八師為反攻先鋒。部隊經過一個多月的車船運輸，從比哈爾省的藍伽又重新回到阿薩密省極北的列多，擔任消滅盤據在野人山胡康河谷的敵人，以掩護修築中印公路的重要任務。從列多到胡康河谷，中間橫亘着一座縱深四百多里的野人山，高度平均在海拔八千尺以上。這一帶除掉三十一年有十幾萬印緬難民和一部分國軍從緬甸撤退入印，誤走進這個山中以外，從來沒有人知道這個山中究竟是什麼情景？由列多南行五十里，便到了歷史上有名的鬼門關，人們只能從山腳下仰首翹望山嶺上那片陰森森黑壓壓的密葉叢林，沒有哪一個敢大膽的越過鬼門關，爬到對面的山頭上去看看，無怪乎當我們部隊剛從藍伽回到列多，就有一位英國少校說：「你們的部隊想從野人山打出去，還要掩護中國和美國的工兵修築一條中印公路來嗎？我看不要說這條公路沒有法子修得成，恐怕連你們部隊也沒法子爬過這座野人山啊！」

我們第一次跟隨着部隊，依仗着機關槍迫擊砲，以及火燄噴射器的威力，大膽的走過鬼門關，鑽進這塊叢莽的時候，事實給我們證實了這確是一個鬼地方。日光被層層疊疊的密林遮蔽得一絲透不進來，感覺到的只是天昏地暗，虎嘯猿啼！四圍活動的生物是在蔓長的雜草裏爬行着悉悉作聲的大蟒，和從腳踝上爬上來從樹葉上落下來的吸血螞蝗，地下泥深沒膝，沒有路，只有纍纍白骨可作我們的指路牌，這些白骨，便是卅一年印緬難民撤退時飢病而死的遺骸！此情此景，使人感覺到本身的渺小和生命的飄忽！眞是「前面沒有路，人類不相通」，令人毛髮悚然，望而却步的絕域啊！

「我能往，寇亦能往。」證明這句古話，雖有它的眞理。盤據在胡康河谷的敵軍第十八師團，早已在我軍進攻之先，就派出許多小部隊，扼守着這中間的幾個重要山頭，並襲擊防守在印度邊境卡拉卡、塔家鋪一帶的英軍，當新三十八師一一四團開到列多的時候，英軍正被日軍擊敗，節節後退，一一四團的健兒走馬解圍，一連奪回了幾個山頭，敵人知道碰到了勁敵，連夜增援糾集一千多人，分成兩股反撲，打了一個多月，敵軍連病帶傷死了一半，才不敢再作攻擊的企圖，只好改成小股竄擾，我軍也因爲山高路險，連絡和救護都不容易解決，補給雖有飛機空投，但是森林裏雲多霧重，空中活動，常受限制，糧彈因而時時感到缺乏，後來雨季到了，瘧蚊又帶來了瘧疾的病害；一一四團的官兵疲勞過甚，又調一一二團來接替野人山的防務，因此更遲緩我軍的行動。從三月到十月，新卅八師的健兒，在這種極端惡劣的環境中，過了八個多月的黑暗和泥沼中的生活，抵抗瘧蚊螞蝗和敵人的襲擊，排除一切困難，連砍（樹）帶殺，打出了一條路基，趕走盤據山中的敵人，掩護後面的工兵和開山機來進行築路的艱鉅工作。

誠然，人定勝天，一般人認爲幾乎是不可能通過的野人山，我們終於在三十二年的初冬季節通過了。十月二十九日，新卅八師佔領胡康河谷的前進基地——新平洋。

胡康河谷，本來是我國孟養宣慰司的土地，原名戶拱，它的行政中心區域叫孟關，原名孟緩。當時國內報紙，多從英名譯音，因而失其眞名，三十三年三月二日重慶大公報曾經刊載過吳景敖先生的一段更正：

> 最近報載中國遠征軍於胡康河谷、孟關、江心坡、孫布拉蚌等地擊敵之戰訊，大部標明其地為「緬北」，間或標明為「印緬邊境」，按孟關原名孟緩，英圖作Maingkwan孟關乃 Maingkwan 之譯音，其地現為胡康河谷行政中心。胡康河谷地屬戶拱土酋，英圖作 Hukan 胡康乃 Hukon 之譯音。凡巴開山以東，枯門嶺以西，更的宛(Chindwin)江上游，皆為戶拱之地。「孫布拉蚌」，當地滇商簡稱之為「孫蚌」，或作「新營盤」，其地現為江心坡枯門嶺間行政中心，「江心坡」地屬里麻土酋，土人稱之為「木里井籠」，英人以其地當「邁立開」、「恩梅開」二江合流之處，故名之為三角地。戶拱里麻原均屬「孟養」土司慰司，孟養或作抹允，英譯Mohuyin，與「木邦」、「緬甸」、

「八百媳婦」、「車里」、「老撾」同為滇邊六宣慰司，號稱六慰，又永昌（今保山）府志，騰越（今騰衝）州志孟養傳載其地「北極吐藩，西通天竺，東南鄰於緬」，是阿薩密省以東，康藏以南，凡戶拱里麻等地均係孟養舊境，而不屬於緬甸甚明。光緒十九年薛福成公使與英外部商訂滇緬界約亦暫止於尖高山一點（東經九十八度十四分，北緯二十五度三十五分），並訂明自北緯二十五度三十五分以北暫不劃分，原以過此西北卽非緬屬而為滇境使然。茲請將「胡康」仍改「戶拱」，「孟關」仍改「孟緩」，「緬北」或「緬印邊境」改稱「滇西」或「滇印邊境」，以明國境，而正視聽。

這一段更正，雖然已經引起國內人士的注意，但「胡康」、「孟關」已經沿用相當時日，一旦更改，恐使一般讀者不能明瞭，故新聞報導仍用英名譯音，本書係以記載戰鬬實況爲主，如照原名更正，亦深恐因與報章所載不一，而使讀者印象模糊，故特把吳先生的主張，轉錄於此，表明我極端同意各地都應該恢復原來的名稱，本書援用英名譯音，實非得已。至於國界問題，我們不能有一點含糊，決不可把自己的地方，反稱作「緬北」或「緬印邊境」，不過，因爲軍隊動作流動性很大，今天在印度，明天入國境，後天又打進緬甸，所以我把吳先生所提議的「滇印邊境」範圍擴大一點，稱這一帶地方做「中印緬未定界」，也許比較合適一點。

（註）一、列多 Ledo 一譯作雷多或麗都　二、卡拉卡 Hkalak　三、塔家舖 Tagap Ga　四、新平洋 Shingbwiyang

九 血戰大龍河

胡康河谷，是大洛盆地和新平洋盆地的總稱，又叫胡康盆地。大洛盆地的面積有一百二十個平方英里，新平洋盆地的面積有九百六十個平方英里，都是一片原始森林，中間縱橫着大龍、大奈、大宛、大比四大河流，和許多小支流，一到雨季，山洪暴漲，成爲一片汪洋，簡直是塊絕地，旱季河水很淺，可以徒涉而過。大龍河以北，有人行小路，太柏家以南，道路寬闊，可以通行汽車，只是密林中又夾生着茂草，交通阻塞，從用兵方面來說，無論是搜索、觀測、通信、連絡、救護、方向判別和諸兵種協同，在在都很困難。在飛機上俯瞰，只見一片林海，極目凝視，也只能約略辨出幾條河流來，其他的就無法偵察，更無法去轟炸了。敵人便利用這些河川之險，和密林茂草的蔭蔽，建築起許多地下的防禦工事，和樹上的作戰碉堡。

據守這一帶河谷的敵人，是著名的第十八師團，我想有許多讀者對它都很熟悉，它的前身是久留米師團，七七事變開始，它就開來中國，首先在杭州灣登陸，在京滬一帶無惡不作；二十七年，他又在大鵬灣登陸，侵佔廣州，二十八年十一月，進攻廣西，侵佔南寧；二十九年調往越南受特殊的森林戰術訓練，參加南洋各島及馬來亞和緬甸各地的戰鬥；三十一年，打棠吉，破臘戍，攻到惠通橋；是日本陸軍中最精銳的部隊，擁有所謂「戰無不勝、攻無不克」

長勝軍的盛名。

十月二十九日，新三十八師的一一二團攻佔了新平洋和大洛西北的戰略要點瓦南關以後，主要的戰鬥即進展到大龍河和大奈河的交匯點，和它以北的于邦、臨濱、沙勞以及大洛以北的拉家蘇。十月三十日、三十一日、十一月二日、五日、十日我軍先後佔領了這些地方，戰鬥都是短兵相接的惡鬥，喊殺聲和鎗砲聲，在這樣是一個四面都是高山的盆地裏，傳不出去，只是在樹林裏來去的迴響着。從十一月一日起，敵人由加邁運來了大批援軍携帶着山炮，分頭向我軍陣地反撲。拉家蘇方面戰事拖延到十二月底，敵軍山下大尉以下四百多人，被我軍擊斃，一一二團第三營營長陳耐寒連長趙振華等也都在激戰中陣亡。臨濱方面，敵人用一個大隊以上的兵力，向我守軍劉益福連作了兩次大規模歷七晝夜的圍攻，葉先貴、余元亨兩個重機關鎗兵，利用一棵被敵人砲火劈去大半的樹幹，作爲陣地，把已經衝入鹿砦的密集敵軍掃射得落花流水，敵大隊長田中勝、中隊長原良和吉五以下也有四百多人，在這一場彈雨下喪失了性命。我軍經過這番惡戰後，終於擊敗敵寇，陣地屹立不動。

于邦之戰，從十月三十一日起，到十二月二十九日，我軍完全攻佔該地爲止，差不多歷時兩個月，這一戰，是國軍反攻緬甸的第一個攻堅戰和澈底的殲滅戰。戰鬥開始時，由於盟方的情報不確，誤認爲大龍河沿岸據點，每處都只有四五十個緬甸兵和土人把守，由一兩個日本軍官來指揮率領，而不知道第十八師團的五五和五六兩個聯隊的主力，已經帶着許多山砲和重砲進展到大龍河的兩岸了。盟軍指揮部既然認爲敵人的兵力很小，所以便作暫不使華軍增加緬北前線兵力的決定，雖然事實上我們每次作戰所碰到的都是地道的日本人，沒有見到一個雜種，孫立人將軍也曾三番兩次請求准許將新三十八師的一一三、一一四兩團和一部山砲兵增加上來，可是，指揮部又拿後方公路未通，飛機很少，補給困難做題目，不能准如所請，硬敎一一二團用一個步兵團的力量，在缺少迫擊砲和騾馬運輸的劣勢下，擔任起三百多里長的防線，對付兩個聯隊的主力；因此，時時感覺到兵力單薄和轉用困難。敵人又利用他的後方交通便利，經常用優勢的火力，壓迫我軍，更以砲兵編成縱深濃密的火網，控制狹窄的小路，使我軍在地形複雜的胡康谷河中，舉步維艱，後方是高山萬仞，公路不通，無法從地面得到補給，前方負傷官兵，也無法運輸到後方去療治。當時唯一的交通運輸工具，只是仰賴數量極少的飛機，而空中活動，又容易受到天時的限制，落雨、刮風、起霧的日子，都不容易得到補給，因此，前線作戰的部隊，時常被糧彈缺乏所窘迫。說一句公道話：從列多出發起，到攻下于邦止，這足足九個月的時間，是反攻緬甸戰役中，國軍所遭遇最艱苦的階段。

于邦是胡康河谷西北的一個重要村鎮，在大龍河下流的右岸，是水陸交通的要道。地形開闊平坦，三面森林，一面靠着大龍河，敵人利用林緣，在樹頂和地面上，預先構成極堅強的防禦工事，主要的陣地都用縱深的據點羣構成，有極堅固的鹿砦和掩蓋。最先攻擊于邦的是一一二團江曉垣連長的那一連人，他們一鼓作氣攻到敵人主陣地的前面，消滅了七十幾個敵兵，江連長和排長劉治以及三十多位兄弟，也壯烈的犧牲了。十一月四日，第一營李克己營長親自帶了一連人從臨濱趕到于邦，把敵人三面包圍起來，又在左右兩翼的河邊，安好重機關槍，封鎖渡口，防止南岸敵人的增援，敵軍好幾次的夜間偷渡，都被重機關槍掃個一乾二淨。十一月廿二日，南岸敵軍增來了大批砲兵，對我兩翼封鎖渡口的機關槍陣地日夜轟擊，機槍第一連連長吳瑾和陣地同亡，敵人遂得從下游偸渡過來，繞到李營的背後一千碼處，佔領一個地勢較高的地點，慢慢的便和原守于邦的敵軍聯成一氣，反把李營緊緊四面包圍。這時候，盟軍指揮部才知道于邦的敵軍不是少數的緬甸兵，而是附有大量砲兵的第五十五聯隊主力了。這樣，第一一三和一一四兩團及山砲兵第二營，便奉到增援的命令，增援部隊沿着剛剛有一點路基的中印公路列新段（從列多到新平洋），艱苦的走了二十多天，才到達指定的地點，他們雖然是星夜在趕路，但從被圍的李營弟兄看起來，却還嫌有點姍姍來遲。李營，實際上只是一個加強連，從十月二十二日被圍起，到他們確實知道各路援軍到達的時候，已經被五倍的敵軍圍得將近一月了，他們每天只靠着飛機投下僅夠半飽的糧食來充飢，和只足以維持最低限度消耗的彈藥，來抵抗敵人，有一次，一架投糧飛機被敵人機關槍打傷了一個翅膀，接連三天，便沒有飛機來投糧，官兵就啃了三天的芭蕉根。胡康河谷，雖然特別多雨，但是在不落雨的季節裏，你竟無法從高地裏掘得出一滴水來，因此李營弟兄飲水成了最大的問題，急中生智，他們居然想出了方法，從砍斷的芭蕉根和葛藤裏取出水來，勉強維持了一百多人的飲料。防禦工事，築得也別出心裁十分巧妙，把陣地週圍築成八個據點，每班守一個，各個據點可用火力互相支援，又做了六道鹿砦，邊沿都埋着用線觸的手榴彈，另外派出一班人守住陣地北面一棵大樹，那棵大樹主幹的直徑有一丈一二，周圍還有二十幾個大小不等的支幹合起來，大約要佔七八個平方丈的地面，李營弟兄利用這一棵大樹做成天然的碉堡，瞭望哨可以看出敵人一切的行動，樹上樹下都築了一個輕機關槍巢，可以打三百六十度，敵人每次衝到這棵大樹附近，都是死的死，傷的傷，結果還是退了回去，這棵樹的本身，槍彈打不進去，砲彈又不容易命中，敵人始終奈何牠不得。這個地方，後來有人給它起了名字叫做李家寨。

十二月二十一日，孫立人將軍親率一一四團趕到前線。二十三日起，劇烈的血戰展開，我們的砲兵開始活躍起來，步兵跟着砲彈衝了過去，被擋了回來，再衝過去，衝破第一道，又衝第二道，於是，雙方發生了塹壕肉搏戰，許炳新連長中了手榴彈陣亡。這時候，被圍在核心的李營長，乘機接應，從裏面殺了出來，又分兵在兩側剪斷敵人交通，封鎖渡口，使南岸敵人無法增援。激戰到二十八日敵軍的前進陣地完全被消滅了，主要陣地跟着發生動搖，湛茂棠連長立功心切，一馬當先，衝進了那個最堅固的橋頭堡陣地，第一排犧牲了，第二排又傷亡殆盡，最後他帶着第三排搶得了陣地，但他自己又不幸飲彈成仁了。步兵的傷亡太大，砲兵的火攻接着而來，砲彈像掘土機式的，把敵人整個陣地都挖翻過來，陣地裏面再也無法躲藏了，殘敵紛紛向樹林裏、河澗裏逃命，被李營預先埋伏好的機關槍和追擊部隊猛熾的火力，統統給殲滅了，沒有走脫一個。這一場經過七晝晚的殲滅戰，我軍在敵人火網之下，步步躍進，前仆後繼，傷亡了官兵二百三十多人。敵人的死傷更大，總計比我軍多出七倍，而且百分之九十九都是陣亡，傷而未死的僅有十三人，都被我軍活捉過來，陣亡的重要敵酋，有五十五聯隊聯隊長籐井小五郎大佐和大隊長管尾少佐。

檢討于邦這一仗的收穫，不只在於殲滅了許多敵人，奪得了一個堅強據點；而是在有利於整個胡康河谷，乃至於緬北全盤戰局的發展。

第一，這一仗開殲滅戰的先聲，它打下了我軍在以後各期戰鬥中，始終掌握着主動權的基礎。

第二，我軍攻擊精神旺盛，指揮官對於森林戰術運用自如，步兵沉着勇敢，作戰時靜如處女，動如脫兎，予敵人絕大打擊；砲兵則技術嫺熟，射擊準確，收到預計效果，當時敵我重疊包圍，敵軍陣地前後，都是我們的部隊，雙方步兵線的距離只有二十五公尺，砲手如果稍微延伸或縮短射程，都會打傷我們自己的弟兄，可是他們發射出去的山砲彈，竟能不偏不倚，恰到好處，個個都落在敵人的陣地以內，而且彈窟排列得像農夫揷秧一樣的整齊，因此建立了步兵對於砲兵的信心，更增加他們衝鋒陷陣的勇氣，步砲協同便有了良好的成就。盟軍軍官在參觀于邦戰場時，驚歎爲森林攻守戰的傑構，同時也增加了他們對於國軍的信賴。史迪威將軍特由加爾各答趕製錦旗一面，親贈孫立人將軍，以紀念這次于邦的光榮勝利。

第三，高度「三信心」的表現。作戰綱要綱領第三條說：「軍紀者，軍隊之命脈也，軍隊必須有嚴肅之軍紀，然後精神上之團結力得以鞏固，戰鬥力之持久性得以確保，蓋戰時各部隊的任務不同，其境遇亦各有差別，而上自將帥，下至士兵，猶如脈絡一貫，萬衆一心，從一定之方針，取一致之行動者，厥爲軍紀是賴……而軍紀之要素，則在全軍一致之三信心，故上下將士，無論在任何時機，當以信仰上官，信任部下，而自信其爲黨國效忠。……」這一段作戰致勝的要訣，在于邦戰役中，充分發揚了出來：李克己營長帶了一個加強連，被五倍以上的敵人圍攻了三十六天，他心裏很明白救兵還在野人山的那一邊，一時無論如何趕不上來，糧彈是那麼的少，水源又無法取得，敵人日夜在攻擊，前途可以說是一片黑暗，但他同時也很明白上峯所給他的任務是如何的重大，最高統帥以及全國人民對於駐印軍的企望又是如何的殷切，所以他決心一定要死守下去，並且他相信他的部下一定能信仰他，人人具有同樣的信心決不致中途氣餒；他更相信他的長官一定會在他的苦守期中把他們解圍出來。這種信念，就是打勝仗的原動力，新一軍在緬甸的戰勝攻取，這是主要的因素。

第四，打垮了敵軍的士氣。在于邦戰役中，敵軍的確表現得很勇敢，寧死不屈，有的身受重傷已經奄奄一息了，手裏還緊緊的握着正在冒着白烟的手榴彈。他們這種勇敢，是以可憐的迷信心理做出發點的，每個敵軍身上都帶着千人針和神符之類的東西，以爲這是消災避難的法寶。軍閥們還痲醉他們說：「『皇軍』是不敗的『超人』軍隊，中國軍隊野蠻得很，抓着俘虜就要砍頭。」日本人認爲砍了頭死後不能升天，所以寧願戰死，不肯投降。敵酋又用盡種種殘酷的刑罰，殺害中國俘虜，教士兵們集合去參觀，還現身說法的對他們講：「我們這樣的對付中國兵，中國兵一定更加倍對待我們。」但是這些騙局，都在于邦戰役中被揭穿了，說是「皇軍」不敗吧，「皇軍」却敗得一蹋糊塗；說是神符有靈吧，却是照樣的一個個死去；說是中國軍隊殘忍吧，但實際上中國軍隊却十分優待俘虜。這些勝於雄辯的事實，都被敵兵一一的認清了，所以當我軍攻下于邦，渡過大龍河以後，沿途發現許多字跡歪斜的紙條，上面寫着：「中國弟兄不要追吧！」「這一次我們打敗了，孟關再見！」一類討饒的話，此後他們的沮喪情緒，日益加深，舉手乞降，作揖以求免死的醜態鬼臉，便比比皆是，不足爲奇了。

（註）一、大洛 Taro　二、大龍河 Tarun Hka　三、大奈河 Tanai Hka　四、大宛河 Tawang Hka　五、大比河 Tabyi Hka　六、太柏家 Tainpa Ga　七、于邦 Yupong Ga—譯作友邦卡或虞邦　八、臨濱 Ningbyen—譯作寧便　九、沙勞 Sharan Ga　十、拉加蘇 Ngajatzup　十一、加邁 Kamang—譯作卡盟

十　迂迴戰奠定胡康區

胡康河谷既是一個盆地，所以牠的天險全在河川，尤其是大龍、大奈兩河，中印公路和胡康區舊有的公路，都必須通過這兩道大河。于邦、太柏家、孟關和瓦魯班是胡康河谷公路上的四大村鎭，也是整個胡康區最重要的四個據點。

大龍河河幅有八百多尺寬，和于邦隔岸相望的是喬家，敵人在河東岸的河防工事，便是以喬家爲中心，構築得非常堅固，憑着這一道天險，加上嚴密的火網封鎖，假如我軍要是硬打從河裏強渡過去，那不但是勞而無功，而且一定會遭受很大的傷亡；因此孫將軍開始決定使用迂迴戰術，一月十一日，我軍以一部兵力留在于邦，和敵人隔岸對峙，以吸引其注意力，用左翼的一部兵力從臨濱偸渡過大龍河，十四日攻佔河東岸的大班卡，據守喬家敵人的後路，受到側擊威脅，東岸敵人的河防陣地，也就隨之崩潰了。

大龍河兩岸敵軍被肅清後，一部殘敵紛向太柏家潰退，和原地守軍會合困守大奈河北岸的陣地。新三十八師重新部署兵力，以一一四團爲右翼隊，從康道渡河直抄太柏家背後，以一一三團爲左翼隊，一一二團第二營爲左支隊，向敵左側背威脅壓迫，以一一二團的主力爲預備隊，擔任大龍河沿岸的警戒。

一月十七日，左翼隊向太柏家疾進，一部進佔寧魯卡，在大奈河北岸擊沉敵由南岸連夜向太柏家增援偷渡的大竹筏四隻，溺斃敵兵一個中隊，之後，便沿大奈河北岸向東攻擊敵軍的左翼；一部從公路右側，在森林中開路向南側擊，威脅敵軍的右側背，太柏家敵陣地便在二月一日被我軍的鉗形攻勢擊破。這時，太柏家東南方敵人實力依然雄厚，又經過左翼隊和左支隊二十一天的合力攻打，才把卡杜渣卡、拉安卡、拉貌卡、陳南卡、新郎卡這些據點攻下，先後消滅五百多敵人，太柏家東側河套遂全歸我有。

在右翼隊正沿大龍河左岸攻擊喬家的時候，左翼隊已悄悄的從大奈河下遊的康道渡口偷渡過河，開始發動胡康河谷第二次迂迴戰，這一路迂迴部隊在孟陽河曾遭遇到敵人堅強的抵抗。孟陽河是大奈河南岸一個支流，位於太柏家的西南，胡康河谷中間東部，河流彎曲全長約六十里，沿岸都是起伏地，樹林更密，地形複雜，我軍如果能在這一帶地區得手，便可以北拊太柏家之背，南叩孟關。因此，孟陽河附近地區，在爭奪太柏家及孟關的形勢上，爲敵我必爭之地。敵人在由孟陽河到太柏家的一線上，配備有一個聯隊的兵力，沿途步砲陣地林立，打算把這一帶作爲主要抵抗地帶。戰鬥從一月十二日開始，十六日，我軍一部越過孟陽河東北的第二小河道，佔領敵軍左翼陣地的一部，另一部也把孟陽河東岸敵軍陣地攻下，其他各據點敵軍憑借着堅固工事，和優勢砲火的掩護，一再反撲，彼此成了膠着的態勢。後來我軍改換戰術，採取滲透方法，冒險穿隙深入，無奈敵軍的陣地是層層密佈，攻下了一個，後面又是一個，包圍了一部份敵人，接着又來另一部，而且敵人每次後退，幾小時之內，總來一次猛烈的反攻，山砲重砲和步兵榴彈砲，各式各樣的砲彈，整天在陣地上空飛掠，指揮所周圍幾千碼以外的樹林，都被轟成焦爛。場面最精彩的是夜間攻擊，機關槍子彈的火粒成串連珠的奔馳着，樹上的、地面的，一條條交叉成嚴密的火網，迫擊砲、手榴彈和敵人的擲彈筒、槍榴彈，爆出一團一團的火花。激戰到二月六日，左翼和正面的敵軍，已被我軍割成幾段，一一包圍起來。我們又在一個名叫今田寬敏的俘虜嘴裏得到一篇坦白的自供，他說：「我們的陣地裏，糧食彈藥，還是存着很多，就是找不到水喝，大家都十分恐慌，恐怕要和于邦第二大隊走到同樣的命運」，說到他被俘經過，他很感激的說：「官長對我們講話，總是說中國兵兇惡得很，捉到日本人就砍頭，所以當我被俘的時候，心裏很害怕，以爲一定是死，不想反而受到優待。」

他又說：「十八師團官兵差不多都知道孫立人將軍在仁安羌的威名，又吃過新三十八師這幾次的苦頭，所以對孫將軍又恨又怕！師團都有命令給各部隊，要嚴密注意孫將軍的行動，並且把孫將軍的年貌身材特點都詳細註明，要各部隊利用種種手段，多派狙擊射手，對孫將軍加以危害。」果然，後來有一個日本俘虜問反正過來的臺灣籍日語譯員鍾正平說：「你看見過孫立人將軍沒有，是不是高高的個子，皙白的皮膚，白頭髮，穿黃馬靴的？」鍾正平回答他說：「是的，不過他現在樣子有點不同了，他說他不打進孟關不剃鬍子。所以他的皙白臉皮，有三分之一被二寸多長的鬍鬚遮掩着，而且他現在只打綁腿不穿黃馬靴了。」「你既然見了他，爲什麼不行刺？」俘虜誤認鍾正平是日本人。鍾正平說：「人家待我好，我爲什麼要加害於他呢？」俘虜默然！

我們得到了俘虜的口供以後，知道被圍敵軍的戰鬥意志已經發生動搖，便在七日印發大批傳單，說明我軍優待俘虜辦法，勸告被圍日軍，即日投降，等到八日黃昏，仍無結果。九日晨，我軍下令猛攻，惡戰了一天，重機關槍兵李明友，在戰壕裏和敵人的肉搏隊打起太極拳來，用很靈巧的身法，護住他那一挺槍，把敵人打得落花流水。這一段孟陽河戰鬥，從一月十二日到二月九日，將近一個月的光景，與敵發生大小戰鬥五十多次，打死敵軍大隊長宇生少佐，窪隅大尉，中隊長山林、松尾、大森、小野等官兵六百餘人，受傷和因傷致死的，還無法估計。孟陽河附近地區敵軍被殲滅了，其他殘敵聞風喪膽，紛紛向孟關以南潰退，右翼隊再以包圍殲滅森邦卡之敵爲目的，乘勝挺進，一路掃蕩殘餘，擊破增援，於二十一日和左翼隊在大奈河東岸渡口會合。

新三十八師在奪得大奈河以後，因一一四團疲勞過甚，傷亡很大，暫在太柏家以西地區整理，把一一二團和一一三團分爲左右兩翼及預備隊，準備下一攻勢。

孟陽河之役，我軍曾奪得了敵人總退却的命令，敵人在孟陽河的主要抵抗地帶，既被我軍所擊破，孟關一塊平原，已是無險可守，所以打算再把主力結集孟關以南，重新部署，增加預備隊，待機反攻，我們得到了這個寶貴的參考，新三十八師的左翼隊立即被派開路迂迴到孟關以南，截斷公路，使敵無法增援，再和正面我軍夾攻圍殲，這是胡康戰役中第三次大迂迴戰。

這時候從列多經新平洋到太柏家的中印公路初段，已可與胡康河谷的舊有公路啣接通車，新二十二師便從列多踏進胡康，一路取得大洛、腰班卡等據點，沿公路南下向孟關前進，戰車第一營開始出動，協同新二十二師擔任正面的攻擊，美軍特由南洋調來參加印緬戰場作戰的步兵一團，也在這時候，從我軍的左側翼，向敵後迂迴行進，形成胡康河谷戰役中最熱鬧的場面。

三月初，孫立人將軍親自帶領着新三十八師左翼隊挺向孟關敵後，作深遠迂迴，連克清南卡、恩藏卡、康卡、陽卡、丁宣卡、中馬高、下馬高、瓦卡道、沙魯卡、山那卡等三十多處據點，進展一百八十里，攻到瓦魯班的附近；右翼隊也攻下了大林卡、丁克稜卡、拉曼渣卡、利杜卡、衞樹卡等據點村落十多處，和左翼隊取得了聯絡。兩隊大軍沿路都碰到敵軍的伏擊和頑強抵抗，健兒們不分晝夜，不怕雨熱，英勇厮殺，連看護兵、飼養兵、炊事兵都有過殺敵的光榮紀錄。

孟關地區敵軍，原定在孟關以南集結，及至聽說新三十八師已經繞到了孟關的背後，歸路被截，登時慌亂。三月五日，正面的新二十二師，又集中強大兵力，猛叩孟關，戰車部隊更是如虎添翼，縱橫掃蕩，敵軍敗績，四處潰逃，孟關便在當日下午被我軍攻下。

新三十八師左翼隊，在正面我軍攻下孟關後的第二天，即從拉干卡分兵兩路，一路從密林中開路進擊瓦魯班背後的秦諾，一路從東南兩面向西北圍攻瓦魯班，斷絕由孟關南竄敵軍的歸路。這時美軍麥支隊，正在瓦魯班河東岸地區，被敵猛烈攻擊，向衞樹卡方面後撤，損失了許多槍械砲彈無線電話和裝備，新三十八師便單獨負起了攻擊瓦魯班的任務。七日攻擊秦諾的一路，在公路左側構築秘密陣地，截斷瓦魯班到秦諾間的聯絡，打死敵軍一個大尉和一個中尉，擊毀大卡車一輛，瓦魯班和秦諾的敵軍，便再也不敢通過這一段公路，相互來往。田中新一為着急於要打通孟關殘敵的歸路，不顧一切的調增兵力，向截斷公路的我軍瘋狂反撲，這次我們的山砲和重迫擊砲，大顯威風，把敵軍打得橫屍遍野，血流成河，田中見大勢已去，匆匆的下了一道撤退的命令，先自溜之大吉。八日晚間，敵軍乘着黑夜從北向南放出信號彈，通知各路敵軍，往西南山林中逃命，路上又遇到我軍早已埋伏好的輕重機關槍，處處都成了華容道。新三十八師在九日一早進佔瓦魯班和秦諾兩地，當天下午與由孟關南下的新二十二師及戰車第一營會師，消滅殘敵。敵十八師團自從于邦、孟陽河兩次慘敗，失去大龍、大奈兩河天險之後，孟關不足憑藉，瓦魯班便是胡康河谷最後一個大據點，田中以爲無論如何，總可以在這兒抵抗一陣，不想新三十八師左翼迂迴過來得太快，簡直使得敵軍沒有喘息的機會，而整個的崩潰了，至於被我軍殺傷之大，擄獲之多，筆者不想把數字都說出來，免得枯燥，只拿瓦魯班一役來講，敵軍遺屍在公路兩側的就有七百五十七人，遺棄的砲彈有四五個大倉庫，這算是十八師團作孽太多，自食其果的報應。

綜觀胡康河谷的戰鬥，我軍可以說是全用迂迴戰術來取勝，大的迂迴戰一共有三次：第一次迂迴，使敵人放棄大龍河東岸全部堅強的河防陣地；第二次迂迴，輕取太柏家，奪得大奈河的天險；孟關左側背大迂迴攻取瓦魯班，這是第三次，也是成功最大的一次。瓦魯班大捷之後，筆者曾隨一羣記者訪問孫立人將軍，孫將軍大談其迂迴戰在森林中的妙用，現在把當時記下來的筆記，抄錄在下面，一方面可以解釋在緬北叢林戰中我軍制勝因素的一部份，一方面也可以供軍事家們的參考。

根據孫將軍在緬北森林中作戰的經驗，認爲森林戰攻擊最有效的方法，即用適當兵力從正面攻擊，吸引敵人，而以主力從森林中開闢新路迂迴到敵人的背後，先截斷敵後方聯絡補給線，阻止敵後方部隊增援，然後對正面之敵，施行包圍夾擊，便很容易收殲滅戰的效果，即孫子所說的「以正合，以奇勝」，開路迂迴便是以奇兵致勝。但迂迴部隊必須開闢新路，因爲原來所有的道路，敵人一定都設有埋伏，不但容易受襲擊，也容易暴露我軍的實力和企圖，這種開路的迂迴戰法有下列幾點好處：一、截斷敵後方道路，使敵軍的糧彈補給斷絕，失去持續作戰的能力；二、阻止敵後部隊增援，使其陷於孤立，感受精神威脅，消失戰鬥意志；三、除敵人特別構築的獨立四面作戰的據點外，一般陣地，通常後方工事薄弱，易於攻擊突破；四、我軍主力迂迴到敵軍後方，迫使敵軍砲兵後撤，不能直接支援其正面部隊的戰鬥；五、截斷敵軍後路，使傷病敵兵，無法救護後運，增加敵陣地內的慘象，動搖其戰鬥情緒，這就是垓下楚歌的辦法；六、正面逐點攻略，曠日持久，消耗兵力，而迂迴戰却可以減少傷亡，爭取時間，又是孫子所說的「以迂爲直」和「出其所不趨，趨其所不意，行千里而不勞者，行於無人之地也，攻而必取者，攻其所不守也。」的戰法了。

（註）一、太柏家 Taihpa Ga 一譯作台法加　二、瓦魯班 Walawbum　三、喬家 Nchaw Ga　三、大班卡 Tumhpang Ga　四、康道 Kawtan　五、孟陽河 Maungyang Hka　六、森邦卡 Tsumhpawang　七、腰班卡 Yawng Bang Ga　八、馬高 Makaw　九、瓦卡道 Wagahtawng　十、山那卡 Sana Ga　十一、秦諾 Chanmoi　十二、麥支隊：緬北戰場有美軍一支隊，兵力相當一團，其支隊長爲麥利爾 (Merrill) 准將，故稱麥支隊。　十三、田中新一：敵軍第十八師團師團長。

十一 破天險踏入孟拱河

敵十八師團主力，自從在瓦魯班戰役被我軍包圍夾擊慘敗後，胡康區敵軍全部崩潰，紛紛竄入孟拱河谷，胡康河谷盡入我軍掌握。

從胡康河谷到孟拱河谷，中間也橫着一座拔海四千尺的傑布班山，天然的成爲兩區交界的分水嶺，貫通兩區交通的只有一個狹隘的谷口，公路幹線，即從這個谷口裏直穿過去，全長約有六十多里，兩傍山嶺重疊，樹高林密，地勢向北急傾，向南緩斜，是天然的險要隘路，敵人佔有一夫當關萬人莫敵的有利形勢。我軍如果單沿公路採取正面的仰攻，不但損失太大，也不容易攻得過去，如果採用兩翼迂迴，兩傍又是懸崖峭壁，更是不容易爬得過去。而且山中無水，登山涉險，脣敝喉焦，又豈是常人所能忍耐？面對着這樣困難的地形，根據我軍在胡康河谷所得的經驗和教訓，我們只有仍然採取「以正合，以奇勝」的戰法。

三月十五日，新二十二師配屬戰車部隊攻佔丁高沙坎，沿正面公路直叩孟拱河谷的大門，新三十八師就擔任爬過傑布班山地，迂迴到隘路的後面，拔開這道大門的門閂，迎接正面部隊進入孟拱河谷的任務。

三月十四日，一一三團全部都在瓦魯班以東地區附近集結完畢，隨即沿着庫芒山脈開路前進，另外派出第一營跟隨美軍麥支隊行動，打算經過大柏洋、西燕卡道、大奈洋、卡庫卡道等地，迂迴到沙都渣南面的拉班，截斷在傑布班山地的敵軍後路。這一團健兒，經過十四天的艱辛開路，山道陡而且滑，上下山都要用手爬，馬馱着砲不能行動，祇好用人擡，讓騾馬空着身子走，牠們不時還要從山上滑跌下去，兩天工夫跌斃了二十多匹，後來飼養兵想出法子來，上山時他們走在馬前用力扛着馬頭，下山時他們走到馬後，死命拖着馬尾，任憑這樣的費盡苦心，馬匹傷亡還是常有的事。古人說蜀道難行，比起這兒恐怕還要差得遠，令人歎爲觀止！因爲山地崎嶇險峻，找不着空投場，飛機本身又受到天時限制，所以部隊經常缺少給養，長途跋涉，整天不得一飽，沒有水，儘管嗓子渴得冒烟，也只有勉強拿唾沫去潤濕一下。第一營一連八天沒有看到飛機的影子，去挖野菜砍芭蕉根來充飢，即使是這樣，大家都始終能忍着渴，挨着餓，一直保持着旺盛的士氣，且戰且進，在二十七日傍晚攻到拉班附近，第二天晨光熹微中，部隊祕密的渡過了南高江，攻其不備，一鼓就佔領了拉班。這時，美軍麥支隊的一營也渡過了河，到達公路附近。在正面據守山隘和我新二十二師厮殺的敵軍，是十八師團五六聯隊餘部，附有山砲兩中隊，重砲二門。

一一三團在迂迴途中，雖然有好幾度和敵軍發生戰鬥，但因地形險阻和我軍隱蔽得法，敵軍只判斷是小部隊的行動，沒有十分注意，忽然間鑽出了一團兵力，無怪乎他們要手忙脚亂了！田中新一顯然急得近乎發狂，把十五公分重砲和其他各種口徑的大小砲彈，對着一一三團和麥支隊亂丟一通，又急急的從一一四和五五聯隊各抽出一個大隊的兵力，與一一三團第一營在拉班附近惡鬥起來，美軍第一營因爲受到敵軍猛烈砲火的轟擊，立脚不穩，往後撤退，一一三團第三營趕來接替了防務。美軍對於我軍的勇敢負責，非常欽佩，一個美國兵很坦白的說：「我們和三十八師在一塊兒作戰，便什麼都不怕。」從這句話裏，就可以看出盟軍對於我軍是怎樣的信任了。其實，這也是句老實話，我軍跟盟軍在一起併肩作戰時，不論是英是美，都是本着患難相共危急相救的同袍精神，去援助人家，尤其是在戰況慘烈的時候，官兵們大家都肯把全盤責任放在自己的肩膀上。好像第一次緬戰在仁安羌援救英軍，這次和瓦魯班之役，都盡其全力，讓盟軍安全撤退，這種捨己爲人的犧牲精神，教盟軍充分的認識了中國軍人的作戰道德。

四月二十八日，敵軍集中兩個大隊的兵力配合猛烈砲火，從南北兩方分別向一一三團一三兩營攻擊，來勢異常凶猛，我軍固守陣地，沉着應戰，擊退敵軍六次衝擊。二十九日，沿公路兩側，敵人遺屍纍纍，攻勢漸衰，同時一一三團第二營已沿南高江東岸輕裝北上，攻下沙都渣，把公路截成了三段，直接威脅高魯陽方面敵軍的側背。這時新二十二師已突破高魯陽敵陣南下夾擊殘敵，先頭部隊於二十九日晚，和新三十八師一一三團在沙都渣會合，於是敵軍所倚恃的六十多里長傑布班山隘天險，完全入了我軍掌握。

（註）一、孟拱 Mogaung　二、傑布班山隘 Jambubum　三、丁高沙坎 Tingkanksakan　四、庫芒山 Kumon Bum　五、大柏洋 Tabauyang　六、西燕卡道 Shiyem Ga Htawng　七、卡庫卡道 Hkahkugahtawng　八、沙都渣 Shadutzup 一譯作夏道蘇　九、南高江 Namkawng R.　十、高魯陽 Hkawnglawyang

十二　偷渡南高江，奇襲西通

孟拱河谷，是孟拱河南岸谷地一帶的總稱，地形狹長，從沙杜渣到孟拱的一段，縱長約二百三十里，被南高江劈成東西兩半。孟拱河上游叫南高江，孟拱以下稱孟拱河流入伊洛瓦底江，河谷兩傍，都是千尺以上的山壁，雨季山洪暴發，平地成爲一片汪洋，山地也是泥深沒膝，山澗小溪都因暴漲而成爲巨流，大河像南高江南英河，更是怒濤洶湧，船隻概不能開駛。因此，攻擊部隊的行動，處處均受到極大的阻礙。敵軍在孟拱河谷的防禦計畫：第一是扼守傑布班山區隘地的天險，不敎我軍越過雷池一步，並且相機反攻胡康，萬一天險不守，便企圖拚死把我軍阻止在加邁以北，以渡過雨季，再作道理，所以儘量選擇山中高地構築工事，深溝高壘，以逸待勞，企圖困我軍於水泥之中，使之逐漸消耗，以達成防禦的目的。又在河谷中採取逐段抵抗的方式，除主要的防禦陣地外，舉凡一切有利的地形，像乾溝、馬蹄形池沼，都儘量的利用，以遲滯我軍的行動。

我軍迂迴拉班沙都渣得手，傑布班山隘天險被我擊破以後，敵軍即按照預定計畫，想把戰事膠着在加邁以北地區，拖過雨季，滯延我軍的築路計畫。十八師團的五五、五六兩聯隊，本已傷亡殆盡，至是又得補充齊全，並新調原在密支那的一一四聯隊和五六師團的一四六聯隊增援到孟拱河谷來，當時敵軍的部署：是以五六聯隊主力在南高江西岸地區，阻止新二十二師前進，以五五聯隊，一四六聯隊及一一四聯隊的一部集結在南高江以東地區，並沿着拉克老河馬諾卡塘高地，憑藉險要的地勢和旣設的堅固工事，和新三十八師糾纏。

四月三日，新三十八師的一一三團由拉班乘勝南下追擊，攻佔巴杜陽，繼續向南推進。左側的美軍麥支隊因爲孤軍深入，在茵康加唐遭受敵軍的反擊，被迫經大龍陽、鑾賓、瓦蘭、奧溪、潘卡、山興陽的路線往後撤退，其任殿後的第二營便在潘卡地區被一個大隊敵軍包圍。到了四月四日，被圍部隊和支部隊的無線電訊也失去了聯絡，情況不明，支隊長麥爾利准將，急請新三十八師派駐美軍的聯絡參謀李濬上校，乘坐小型聯絡飛機趕回師部，請求孫立人將軍派兵援救。孫將軍當即電令駐在大德卡道的一一二團第一營星夜赴援解圍，次晚他收到了麥利爾准將的謝電：「貴部一一二團第一營，經以強行軍抵達此間，足見該營士氣旺盛，精力超人，訓練有素，敝團之能採取攻勢，實貴部給予之充分合作有以致之。」

四月五日，我軍對孟拱河谷的攻擊正式開始，新三十八師爲左翼隊，新二十二師爲右翼隊，分沿南高江東西兩岸南下。新三十八師的部署是：一一二團在左，一一四團居中，一一三團爲右。南高江東側，是一脈重重疊疊的庫芒山，土人歌謠中說是「無頂之山，永不能至，」險峻可知！左翼一一二團的任務，就是要開闢新路，爬過這些「無頂之山」，繞路迂迴攻擊那些據險而守的敵軍側背，迫使他們離開陣地和我決戰，「使敵不知戰地，不知戰期，」一鼓把它消滅。從四月十一日起，健兒們忍受着一切人世間的辛苦，攀緣絕壁，攻佔高利、鑾賓、奧溪等十多處堅強據點，路上又解救了美軍的圍困，還把瓦蘭敵軍包圍起來，這一路艱辛的情形，可以從麥利爾准將給孫立人將軍的另一賀電中看出：「玆慶賀貴部一一二團神異之推進，余確知該團所經過之地區，其地形之艱險，為地圖上所表示不出者，懸崖絕壁，攀登困難，敝部對貴師行動之神速，深感欽佩，並慶幸能與貴師併肩合作。」

五月十一日，中路的一一四團，擊潰山崎四大郎大佐指揮的五五、五六、一一四聯隊的各一部，佔領的克老緬、東瓦拉、拉吉、大龍陽這些重要據點，乘勝追掃大龍陽到巒賓間的殘敵，和一一二團會合，把五五聯隊全部包圍於大龍陽西北地區。右翼的一一三團除以一部兵力從南高江東岸谷地和新二十二師保持聯繫，協力攻擊前進外，並以主力掃蕩瓦拉、馬蘭、卡勞一帶殘敵。這時新二十二師已突破茵康加唐，和五六聯隊的主力相持於馬拉關地區。

五月二十一日，孫立人將軍得到正確的情報，判斷當面敵軍因為傷亡太大，兵力已經全部用到第一線，加邁後方十分空虛，同時我軍第五十師和新三十師各派兵力一部與美軍麥支隊所組成的中美混合部隊，正在對密支那城郊攻擊，南高江西岸的新二十二師和敵軍在馬拉關一線苦戰不下，而緬北雨季馬上就要到臨，怎樣採取積極手段，趁敵人增援部隊還沒有到達孟拱河谷以前，趕快奪取加邁，南下孟拱策應密支那方面的作戰，早日結束緬北戰爭，是第一件要緊的事！他和史迪威將軍一度會商之後，便揮動新三十八師的主力迅速南下，決定用一部兵力在正面牽制敵軍，主力便從敵軍陣地的間隙中錐形突進，祕密迂迴到加邁以南，偷渡南高江，截斷敵後的主要交通線，然後向北和新二十二師夾攻加邁。戰略既定，限即刻到的緊急命令，異日就下達到一一二團，沒有砲兵，沒有馬匹，大家都要揹着四天的乾糧和一個基數的彈藥，翻山越嶺，在沒有路的地方，祕密開出路徑，而且一定要在四天四夜以內，迂迴到加邁以南，截斷敵後公路，否則在半路上沒有糧彈的補給。從二十一日下午二時起，這一團健兒從陳鳴人團長率領之下，冒着大雨，不分晝夜，繞過瓦蘭，偸渡棠吉河，橫跨丹邦卡到拉芒卡道的敵後馱馬路，利用各種地形地物，和猿啼、鳥鳴、獸嗥、水流、雨響各種聲音的掩護，偸過敵人的重重封鎖，有時竟在敵人陣地左右一二百碼以外的地方走過，而始終沒有被敵人發覺過。二十六日上午十一時，這支奇襲部隊如限到達加邁以南的南高江東岸，偵探渡河點和一切渡河的準備，僅在兩小時以內完成，奇怪的渡河工具，不是木排竹筏，更不是汽艇，而是每人隨身裝備的膠布、鋼盔、水壺、乾糧袋，這種新穎的渡河方法，新三十八師的士兵，每個人至少有過二十次以上的訓練。在列多受渡河訓練的時候，司令部上自處長下到伙夫，統統都得學會，當時的笑話風生，副師長學蛙式喝了水，處長皮膚白得與衆人不同，新一軍司令部裏的官佐們，到現在還拿作彼此互相開玩笑的資料。

這次神祕的迂迴行動，竟使加邁區敵軍，不知不覺的陷入我軍包圍圈中，在這一段地區的敵軍，是第十二輜重聯隊全部、野戰重砲第二十一大隊第一中隊，和守護庫房的監護兵兩個中隊，兵力約在一千五百人左右，以遠處後方，戒備疏忽，突然遭受到我軍的襲擊，竟以爲是降落傘部隊從天而降，驚惶奔竄，不戰自潰，一日之間，便被我軍打死了九百多，奪來十五公分重榴彈砲四門，滿載械彈的大卡車七十五輛，騾馬五百多匹，糧彈庫房十五座，汽車修理廠一所，彈藥糧秣不計其數，這便是有名的西通截路之役，陳團長因此得到一個攔路虎的綽號。二十七日陳團從西通沿公路南北兩面展開，把敵軍在孟拱河谷物資總屯積地區攻佔大半，佔領的公路線長達四英里，加邁敵軍所倚恃的公路補給，完全斷絕，所有的敵後通信、聯絡、運輸和指揮的機構，完全摧毀。二十八日，我軍又奪獲糧彈倉庫二十多處，敵軍因糧彈屯積中心被我佔領，急忙把新到增援的生力軍第二師團第四聯隊全部，五三師團一二八及一五一聯隊各一部，共約兩個聯隊的兵力，一齊增加上來，另外還有重砲四門、野砲十二門、速射砲十六門、中型戰車五輛，向我軍南北兩端陣地猛烈反撲。激戰到六月十六日，我軍一共打死敵軍大隊長增永少佐以下官兵二千七百多人，我也傷亡周有良連長以下三百多人，陣亡人數和敵人成一比十五。敵軍大半都在驚慌失措中喪失戰鬥意志，我軍則士氣旺盛，面對着慘烈戰況，從容沉着，這是傷亡比例懸殊的最大關鍵。六月一日，敵軍曾以一大隊以上的兵力，集中各種砲火，向周有良連猛衝十四次，第一排被三千多發砲彈，把陣地完全打垮了，排長周浩和全排弟兄沒有一個人後退，全排壯烈犧牲，但敵人却也在周排長陣地前留下三百二十具的死屍，周排長這種至死不退和陣地共存亡的精神，便是敵我死亡人數衆寡懸殊原因的最好說明。

一一二團佔領西通，截斷公路，囊括加邁區敵軍糧彈倉庫以後，在加邁及其以北地區的敵軍，統統都陷入了彈盡糧絕的境地，從馬拉關到加邁一帶六十多里的堅固陣地，完全動搖，加上新二十二師在正面的猛攻，和一一三團從支遵的側擊，整個崩潰，孫子說：「軍無輜重則亡」，加邁區敵軍潰滅的命運，實在一一二團攻佔西通截斷公路的時候即已決定，自從那天以後，敵軍就得不到一粒米和一顆子彈的補充，大家都挖野菜吃芭蕉根活命，到後來一個個餓得骨瘦如柴，連槍都拿不起，眞是不堪一擊了。

（註）一、南英河 Namyin R. 二、馬諾卡塘 Manaogahtawng 三、巴杜陽 Hpaduyang 四、茵康卡塘 Inkangahtawng 五、大龍陽 Tarongyang 六、蠻賓 Manpin 七、瓦蘭 Warong 八、奧溪 Auche 九、潘卡 Nhpum Ga 十、山興陽 Hsamsningyang 十一、大德卡道 Tatagahtawang 十二、拉瓦 Lawa 十三、馬拉關 Malakawng 一譯作馬拉高 十四、支遵 Zigyun 十五、西通 Seton

十三　攻取加邁，掃蕩庫芒山

印度的阿薩密省，和緬北的孟拱河谷，以及中印緬未定界的胡康河谷，都是世界上最多雨的地方，在緬北作戰的國軍最躭憂的就是雨季，然而雨季終究是要來的。在一一二團開始迂迴奇襲西通的時候，雨季就已經開始，部隊整天在雨中活動，上下山坡，儘管是手足幷用，連拉帶扯，有時還會被脚底下的叢草和泥土滑跌一交，要是不留神的話，更可能變成斷了線的風箏，不知道將會被跌到什麼地方去。偶然間走上了平路，「一失足成千古恨」的恐懼是減小了，但那與膝俱齊的爛泥，堅拖着兩條腿，教你舉步維艱，雨把乾糧袋裏的餅干之類的給養化爲漿糊，雨浸溼了裝具，增加了負荷的重量，雨使吸血的螞蝗和傳佈瘧疾的瘧蚊活躍起來，雨又把池沼變成大湖，把小溪變成河流，把河流變成波濤洶湧不能航渡的滔滔大水。

從五月二十九日起，奉令側擊加邁的一一三團由西瓦拉向南一連攻佔青道康、納昌康等處據點。六月八日，他們開始攻擊支遵。支遵是南高江東岸的一個重鎮，和加邁只是一水之隔，形勢有如黃河南北岸的潼關和風陵渡，風陵渡失守之後，潼關就時時受到威脅；同樣的，如果敵人守得住支遵，我軍便無法採取捷徑打從加邁對岸去直接進攻加邁。在支遵的敵軍是五五聯隊第一大隊和一一四聯隊第一大隊的各一部，還配屬一個工兵中隊，兵力大約有六百人。連天接地的大雨，把支遵附近變爲一片澤國，南高江的幅寬加到一千尺以上，雨成了比敵人更凶頑的障礙，我軍就在積水過腹的泥濘地區裏和敵人反覆搏鬥，九日上午，藉着優勢砲火的協助，衝入敵陣，佔領支遵和通達加邁的渡河口。以當時我軍士氣的旺盛和態勢的有利，本可一鼓渡江直取加邁，只是在對岸敵軍盛熾砲火的封鎖下，強渡過這樣一條幅寬流急的大江，是一件極端冒險的事，攻擊部隊眼看着隔河對岸就是渴望已久的加邁，恨不得脅生雙翅飛過江去，他們詛咒雨助桀爲虐，胸膛裏的熱血和南高江的波濤一樣奔騰澎湃起來。雖然，部隊長已經打了急電請求指揮部趕快派飛機來投送渡河工具。但是，一天、兩天、三天，老是看不到飛機的踪影，大家都等得不耐煩，趙狄團長看到有這樣好的士氣，他倒肯俯順輿情，下令給各部隊，儘量就地徵集渡河材料，編製木排竹筏，並利用平時所受的渡河訓練，就各人的隨身裝備，做成各式各樣的漂浮器，把迫擊砲和機關槍架在行軍鍋裏，從上游選好了渡河點，利用水流的速度，向對岸強游過去，這樣一連強渡了三次，都是因爲江流太急和敵人砲火過於猛烈，不能成功。十六日早晨，飛機到底來了，有了橡皮艇，渡河便有了把握。九點正，掩護強渡的山砲、迫擊砲、輕重機關槍開始亂叫起來，每隻小艇都像脫弦之箭，朝着對岸飛駛過去。九點三十分，渡河的部隊便紛紛爬上了陸地，很快就佔領了加邁東南側的高地，加邁市區敵軍遺棄下大批屍體，橫七豎八的躺在街道上、水溝裏、和砲彈穴的旁邊，向西南方潰敗下去，這一久攻不下的重要據點，到正午十二時，已經完全落入我軍掌握。下午三時，從馬拉關南下的新二十二師六十五團先頭部隊，也到了加邁西面，和一一三團第三營會師。

加邁是孟拱河谷第二大鎭，在南高江西岸，北距傑布班山隘北口約一百五十里，南距孟拱六十五里，其西北的龍京爲著名的寶石產地，戰前國人常到這裏來採購，市面很好，但經過砲火洗禮之後，只留下一片淒涼景象了。

在一一三團攻擊加邁進行途中，一一四團即以錐形戰法，從大班、青道康中間的間隙，不分晝夜，潛行突進，時而爬上突入青天的高峯，時而踏入深不見底的溝壑，沿途艱難困苦情形，和一一二團奇襲西通所經歷的差不多。六月一日，這一批人馬，突然在瓦鹿山出現，出敵不意，一舉攻佔拉芒卡道，然後蓆捲東西瓦拉，斬斷潛伏在庫芒山中的殘敵歸路，一路勢如破竹，連克丹邦卡、大利、馬塘、登浦陽許多據點。十五日，又擊破五十三師團一二八聯隊第一大隊的陣地，佔領巴稜杜。巴稜杜在孟拱密支那公路的交叉口上，距離孟拱城十二里，地勢很高，可以南制孟拱，西北和在西通的一一二團互相呼應，東斷密支那到孟拱公路和鐵道的交通，使敵人對密支那方面無法增援，減少密支那我軍對側背安全的顧慮。整個緬北戰局，發展到此，我軍實已掌握決定性的有利態勢，可算得是大勢已定了。

敵軍在孟拱河谷的主要防禦陣地，大都是利用庫芒山系的天險，這一帶山勢起伏，地形十分複雜，包括高山、深壑、密林、荆棘、河川，和大雨積成的暫時湖沼，敵人在這裏面構築許多堅強而有縱深寬廣的據點式工事，各因地形做成奇巧、獨特和頑強的防禦陣地，大小不一，星羅棋布，形成一個大網狀的陣地帶。我軍如果只從正面攻打，逐點擊破，縱使能步步勝利，至少也需要一年以上的時間，才能把這一座庫芒山肅清。孫立人將軍這次的作戰計畫，是以一一二團爲奇兵，採用果敢的深遠迂迴戰術，先截斷加邁至孟拱的主要公路補給線，迫使我新二十二師當面之敵迅速崩潰，以一一四團爲伏兵，由高山深谷中，伏道而出，襲佔丹邦卡，直搗巴稜杜，突刺敵陣心臟，截斷被困在庫芒山中敵軍的後路，以一一三團爲正兵，從正面及右側掃蕩，三路並舉，步步得法，正合乎蘇老泉的「兵有正兵奇兵伏兵」的原則。

自四月初旬到六月中旬，不過兩個半月的光景，新三十八師的戰績是：攻佔南高江西岸的西通、加邁，南高江東岸庫芒山脈中的巴杜陽、東西中丁克林、的克老緬、玉麻山、東西瓦拉、馬諾卡塘、拉吉、下老、大龍陽、博甘、鑾賓、杜卡、母泡卡、高南卡、山興陽、潘卡、高利、奧溪、瓦蘭、大班、青道康、那張家、納昌康、拉芒卡道、支遵、拉高、拉溪、胡路、大高、大利、丹邦卡、卡當、卡華康、棉毛陽、巴杜陽、亞馬樓、巴稜杜等重要市鎮堅固據點及大小村鎮二百餘處，戰鬥三百餘次，斃敵七千七百餘人。

（註）一、龍京 Lonkin　二、瓦鹿山 Walubum　三、拉芒卡道 Lamongahtawng　四、丹邦卡 Tumbongnka　五、大利 Tari　六、巴稜杜 Parentu　七、丁克林 Tingring　八、棉毛陽 Maumawyang　九、亞馬樓 Yamalut

十四　孟拱之戰

孟拱和加邁同是屬於密支那府的縣治，城在南高江南岸，水陸交通，都很便利，緬甸鐵路經過這裏，橫跨南高江，東去密支那，西南經卡薩往仰光，水路沿南高江可北上加邁，東流入伊洛瓦底江直達八莫，而與加邁間又有良好的公路貫通，是緬北交通的鎖鏈。從戰爭形勢上來講，孟拱、密支那和加邁三鎭，鼎足而立，孟拱又是策應雙方戰局的中樞，更有南高江南英河兩道大水作爲屏障，故爲軍略上的重鎭，兵家必爭之地。據守孟拱的敵軍，有五三師團一二八聯隊的主力，一五一聯隊的一部，五六師團一四六聯隊一部，第二師團第四聯隊一部，五三砲兵聯隊，武兵團一三九大隊和十八師團一一四聯隊的殘餘部隊。

一一四團於六月十五日，進佔巴稜杜亞馬樓一線之後，李團長正在打算用全力向南壓迫，渡江進攻孟拱，忽然又奉到分兵援救英軍的命令，原來兩月前在孟拱卡薩鐵路間降落的英軍第七七旅，這時在孟拱城東南被敵軍包圍攻擊，傷亡慘重，形勢非常危急，特派參謀迪克少校趕往孫立人將軍指揮所請求援救，坦白說明他們現有官兵還不到五百人，戰鬥力十分薄弱，如在二十四小時以內不能得救，便只有向東南山地撤退，孫將軍一本仁安羌救友的熱忱，滿口承應下來，他教一一四團即日由巴稜杜向東南區祕密開路前進，迅速強渡南高江，搶救英軍，並以主力南下佔領孟拱城南外圍重要據點，截斷鐵路和公路的補給線，然後再來圍攻孟拱。

一一四團接到命令，全團立即輕裝出發，連夜急馳，冒險渡過南高江四百尺的洪流，連日大雨，泥爛路滑，官兵滿身都是泥漿。這時加孟公路還沒有打通，敵人決想不到一一四團會馬不停蹄的就捲過江來，所以當我軍在孟拱城的側背突然出現時，敵軍倉惶失措。俘虜箕浦源七說：「被俘的那天早晨，我和其他分隊六人，同往孟拱東北附近老百姓家裏買香煙，回來碰到中國軍隊，戰友五人，當時就被打死，大家都沒有想到中國軍隊來得這樣快！」可見得當時敵軍對我軍的行動，畢竟絲毫沒有發覺。

一一四團渡過了江，即以一部兵力支援英軍並接替英軍防務，讓英軍安全後撤，主力在二十日的早晨，依照孫將軍的指示沿孟拱東側山地南下攻擊，經過兩日夜的激戰，孟拱外圍的建支、湯包、來生、來魯這些重要據點，盡被我軍佔領，把孟拱對外交通完全割斷，殘敵驚慌萬狀，不曉得那裏是生？那裏是死？大家只知道往城裏亂攢，都成了甕中之鱉，正好給我軍以聚殲的機會。另有敵軍步砲聯隊約一千人左右，由孟拱趕往密支那增援，走到南堤，聽說我軍已經兵臨孟拱城下，便立即回轉身來，打算和孟拱守軍夾攻我軍，使一一四團腹背受敵，以挽救孟拱的危急，不料二十一日晚，在威尼附近，被我第八連排哨一打，就打得陣勢大亂，糊裏糊塗的用密集隊形衝撞一陣，結果不但沒能解救孟拱之危，反被一個排哨打得七零八落，連五三砲兵聯隊長高見量太郎大佐都死在裏面，可見得當時敵軍慌亂的一斑了。

本來孟拱的環城防禦，十分週密，堅固的工事之外，還有重重疊疊鐵絲網，但這對我能征慣戰的一一四團，難得發生什麼決定作用的。二十三日，我軍的七五、八一、六〇各種不同口徑的火砲，猛烈的向城裏和城邊吐出震人心弦的火舌，對方也奉還一批批大大小小的彈雨，前面的倒下去後面的跟着上來。時間由白天轉到黑夜，再從黑夜轉到白天；距離由一千碼，縮短到五百碼、三百碼、二百碼、……五十碼；戰鬥由砲火、機槍、步槍，進到手榴彈、刺刀、肉搏；敵軍自知面臨死神，倒反鎭靜一些，斷壁頹垣，都成了他們有利的掩護。然而，時間是過去了，空間是緊縮了，困獸之鬥，又有什麼用呢？

二十五日傍晚，孟拱城完全落入了我軍的掌握，殘敵紛紛跳入南英河，打算泅水逃命，不想也是一條死路，算是給埋伏好的機關槍，打了一次大牙祭。

孟拱之戰，新三十八師三個團的任務，在縱的方面，有很明顯的劃分：一一四團負責攻佔孟拱，一一二團負責打開加邁孟拱間的公路，一一三團負責打通孟拱密支那間的鐵路線，並與密支那我軍取得聯絡。在橫的方面，三個團也有連環的作用：一一四團有居中策應二三兩團，而二三兩團特別是一一三團有協助一一四團攻取孟拱的任務。

一一四團攻下孟拱後，一一三團即從巴稜杜向東南疾進，其攻佔加邁的第三營，這時已將加邁防務完全交與新二十二師，歸還建制。二十八日，該團將孟密鐵路線上的重要據點南堤攻下，截獲火車箱三百餘節，殘敵爭先恐後的向東奔逃，連頭都不敢回，如果用舊時小說上「如喪家之犬，如漏網之魚」兩句話，來形容當時敵軍的狼狽情形，最爲恰當。追擊部隊於七月十一日傍晚到達密支那，和新三十師會合，長一百二十里的孟密鐵路，不再有敵人的蹤跡了。

一一二團打通加孟公路的戰鬥，也和一一三團打通孟密鐵路的戰鬥同時進行；七月一日，五十師的一四九團到達西通附近，接替了一一二團公路佔領區的防務，一一二團便撤到南高江東岸向孟拱附近集結，這時正是雨威兇猛的時候，孟拱城內的建築物完全飄浮在水上，柏油馬路上可以行船，城外地區一片汪洋，行人路上，泥有腰深，一一二團有幾位弟兄，偶一失足，便活活的陷死在泥裏，馬陷到泥裏，更是沒有辦法，越跳越深，眼看着牠慢慢的沉下去被爛泥活埋。從七月七日起，一一二團與一四九團從加孟公路南北兩端發動猛烈的夾擊攻勢，到十日半夜，在距孟拱二十里處會師，打通了加孟公路。

孟拱河谷戰鬥至此結束，加邁、孟拱和密支那間的公路鐵路都已暢行無阻，密支那我軍，更因孟拱的佔領和孟密鐵路的打通而佔得必勝的上風，使整個緬北戰局，迅速得到勝利的解決。所以史迪威將軍致孫立人將軍的賀電說：「孫兼師長；貴師攻佔孟拱，戰績輝煌，達於頂點，特此電賀。」英印軍第三師藍敦師長爲感謝新三八師一一四團援救七七旅，也在六月廿七日有賀電一通：「孟拱之捷，謹致賀忱，並謝協助敝師七七旅之美意，此致孫兼師長李團長及閣下之英勇部隊。」

從佔領加邁到攻下孟拱，時間還不到十天，連打通加孟公路和孟密鐵路的戰鬥計算在內，也不過三個多星期，這樣短短的時間，新卅八師健兒，打死了敵軍五三砲兵聯隊聯隊長高見量太郎大佐以下軍官八十一員，士兵四千三百多名，這還只是在統計以內確知的數目，其他餓死山林或被士兵殺死的，一定比這個數字更大，自一一二團截斷公路奪得糧彈倉庫之後，孟拱河谷的敵軍，便陷入飢餓包圍中，經常有十多個人或幾十人的小股，散伏巴稜杜的深山密林中，都是臉青脚腫，奄奄待斃，被我後方騾馬部隊和傳令兵、看護兵、炊事兵擊殺或生俘的，幾乎是無地無之，無時無之。六月十九日，師部有兩個傳令兵，在路中碰到敵兵三十多人，一個叫張廣坤的只用衝鋒槍打了兩個彈匣，敵軍便毫無抵抗的丢下一挺輕機關槍，十枝步槍，和十五具死屍，分頭逃竄，可作一個代表的例子。其他還有三五成羣，跑到老百姓家搶吃，被土民殺死的也很多，土民往往割下兩隻耳朵，送到我軍中來報功。在孟拱河谷西南部的一個死谷裏，有武裝齊全的敵軍二千以上集體餓死。這種情形，在敵人應該算是日本明治維新建軍以後所遭逢慘敗的紀元，在我們應該算是森林包圍殲滅戰的模範了。孟拱河谷，敵我的死亡比例是十二比一，這個紀錄，並不只限於敵我對戰時的殺傷，造成的主要因素，還是我軍戰略和戰術的成功，不仗砲火的殺傷而迫敵軍於餓病中死亡。

從擄獲敵十八師團陣中訓話資料中，發現有第十五軍團長牟田口廉也昭和十九年五月陣中訓話的紀錄，牟田口廉也是前任的第十八師團師團長，後因戰功升軍團長，原文中說：

師團奉命邀擊擊滅侵入胡康之敵人，軍團長於司令部出發之際，曾經讚菊兵團之意志云：「保衛日本之菊軍團，對敵人之侵入，應作如何處置」等語。如此菊兵團之任務，當為擊滅敵人，何以必須負此任務，因所謂拒止或阻止，乃消極目的之達成，不能澈底挫折敵人打通雲南公路之戰鬥意志。所云擊滅，又惟有菊兵團能行之。對此有三要點：一、敵之企圖頗大，二、除擊滅外無他對策，三、菊兵團不可不獨立行之。所謂敵企圖頗大，卽在企圖打通雲南公路，玆列表分析之：

- 雲南公路打通後
  - 實行援華
    - 遮斷南方軍之連絡線
    - 中國軍得以轉移攻勢 → 夢想屈服日本
  - 美軍進駐 → 轟炸日本本土 → 夢想屈服日本

欲阻止敵人計畫之實施，須相當之力量，敵全般狀況未陷於不利時，無論二年三年，或犧牲五萬十萬，皆所不顧。

以上一段訓話資料，除對美國的判斷言論荒謬不便抄錄外，其死力頑抗的決心，可以概見。文中所提的菊兵團，即是十八師團的防諜號記，訓話資料發下，正是胡康會戰結束，敵軍退據加邁北區死力再戰的時候，敵人萬料想不到他所準備下抵抗二年、三年的五萬、十萬犧牲品，却在短短的二月、三月中銷耗了，牟田口廉也所要求的任務，不但一個十八師團不能達成任務，再加上五三、五六和第二師團也是枉然，只不過是加大我軍殺敵紀錄的數字而已。

（註）一、建支Kyaingyi　二、湯包Taungbaw　三、來生Loisun　四、來魯Loillaw　五、南堤Mamti
六、威尼Nweni　七、迪克少校Maj. Tyacko

十五　由奇襲到攻城

密支那地當緬北鐵路的終點，位於伊洛瓦底江西岸，周圍多山，是一個地形稍有起伏的小平原，遍地都是幼年的叢林，非常蔭蔽。伊洛瓦底江經此向東南流，河床寬約三百到八百公尺，船隻通行，水清澈底，除河流鐵道之外，公路也四通八達，可以南去八莫，西至孟拱，北通孫布拉蚌，東面的瓦霜公路如再向東延築一百公里，便可通到騰衝。城西和城北，都有飛機場，與孟拱加邁，同是緬北的戰略重鎮。

四月下旬，正當孟拱河谷我軍掃蕩庫芒山進迫加邁的時候，中美聯軍的先遣支隊，即在孟關集結南下，進襲密支那，這支中美混合部隊，由美軍步兵一團，我軍新三十師第八八團和五十師第一五〇團組成，歸美軍麥支隊長麥利爾准將指揮。五月六日，混合支隊第一縱隊在雷班附近被一個加強中隊敵軍所阻，八八團奪路前進。十二日美軍一營又在丁克路高被兩個中隊敵軍圍攻，八八團再從背後趕來解圍，我軍因急於南下，不便戀戰，便留下一部兵力，故作佯攻模樣，與敵週旋，主力避免戰鬥，連夜兼程向密支那前進。十五日第二縱隊的我軍一五〇團已超過第一縱隊，到達密支那附近，當晚把密支那到孟拱的公路線截斷，十六日夜半，全部到達密支那西飛機場以南的南圭河，八八團主力和美軍一營也在十八日趕到密支那北二十里的遮巴德。其在丁克路高佯攻掩護主力行動的第三營，因為飛機大都忙於運輸部隊，忽略對於該營給養的投送，使五百多健兒受了八天饑餓之苦。

由於日軍在英法爾的蠢動和英印軍節節退守，仰光的日本廣播員天天都向加爾各答散佈謠言，說是日軍就要攻進印度，敎整個印度陷入了驚慌的狀態，新三十師的八九團就在這時候奉命在英法爾一帶佈防，應付萬一。到五月中旬，敵軍因在孟拱河谷失利，兵力不夠分配，不得不把向英法爾輕騎深入的部隊撤回，英法爾一帶平靜無事了，八九團便在十三日轉向阿薩密省的馬魯和喬哈特兩個空軍基地集結，準備空運密支那。十七日，密支那我軍開始攻擊西飛機場，爲後續空運部隊奪取着陸地點，一五〇團達成了這個任務以後，接着便有大批C四七道格拉斯式運輸機和滑翔機在戰鬥機掩護下陸續降落，八九團二三兩營健兒立刻爬出了飛機艙加入戰鬥，餘部也在第二天空運到達。

十九日那天的攻擊部署是：美軍和八八團沿鐵路線擔任警戒，阻止敵軍由孟拱向密支那增援，八九團以主力掃蕩機場附近殘敵，一五〇團攻擊火車站。

一五〇團在十九日黃昏時分攻到車站附近，突破鐵絲網，被敵猛烈火網所阻，戰鬥慘烈，第三營營長郭文幹陣亡。二十日上午八時，我軍一度將火車站佔領，但因後方的通訊聯絡，全被敵軍砲火割斷，無法要求空軍和砲兵的援助，敵軍乘機大舉反撲，二三兩營傷亡慘重，車站得而復失，到晚全部彈盡糧絕，後方依然補給不上，一五〇團便被困在車站附近，最後用刺刀衝出重圍，撤回飛機場附近。二十一日由列多飛來的第十四師四二團，也全部到達密支那機場。

自一五〇團撤回機場後，敵軍覷破我軍戰略指導的弱點，即利用我軍重新部署的時間，一面向各處求援，一面加強工事，把密支那附近分成四個防禦地區，縱深配備，攻擊更加困難，雙方成了對陣的狀態。

二十三日，史迪威將軍派參謀長柏德諾准將由列多來密支那接替麥利爾准將的指揮職務，另外組織前方指揮所，重新部署攻擊，規定我軍由五十師及新三十師兩師師長親自指揮。

從五月二十三日起到七月中旬，密支那戰事像拉鋸式的進行着，我軍在長約十五里的正面防線上成了一個弓形，伊洛瓦底江恰像弓弦，把密支那敵軍夾在大江和中美軍弧形包圍之間。戰鬥起初是在距城十里左右的小山頭和村莊裏進行，我軍逐步前進，每天跟敵軍爭奪三十碼、五十碼的陣地，這樣敵我都付出極大的傷亡代價。二十幾天後，敵人被迫放棄村落，改守距城六里的叢林山地，在這一段戰鬥期間，我軍曾用掘壕戰法漸漸將郊外陣地略奪而進入街市戰鬥，敵軍經常利用夜幕掩護，向我偷襲，企圖拖延時日。我空軍和砲兵不分晝夜向城區及伊洛瓦底江東岸更番轟炸、掃射、爆擊，密支那的建築物大部被毀，敵後運輸補給的船隻和來往於宛貌公路間的汽車，也完全被我軍砲火所控制。後來敵人又改在八莫通往密支那公路的中途，夜間用汽車把糧秣彈藥偷運到江邊，再用木板和樹排送過江來維持着補給。被困於城內的敵人便躲在那些用鐵軌築成的堅固工事裏死守起來。

密支那敵人的命運，事實上在六月二十五日，孟拱被我軍佔領時，即已決定，那時從卡薩增援來密助戰的一二八聯隊和砲兵五三聯隊，沒有到達指定戰場，在孟拱就被新三十八師打得全軍覆沒。密支那敵軍對於上面允許增援的部隊遲遲不到，雖然有些懷疑，但他們却從來沒有想到那些部隊會在半路上被人家消滅的，甚至他們根本還不曉得孟拱已被中國軍隊佔領，待到七月十一日，新三十八師的一一三團從南堤沿孟密鐵路長驅東下，直搗密支那和新三十師會合的時候，密支那的敵軍才明白三十三軍團要他們死守的命令，不過是要他們守到死而已。

敵軍在密城市區的配置，大部份利用民房和街道兩側，構築堅強的掩蔽部，重要地方用少數的匍匐壕連接，重火器的位置，都選定在十字路口，民房屋角和公路的進出口，砲兵大部移到江東岸游動使用，陣地上祇留少數守兵，管制自動火器，另外埋伏一些狙擊射手，其餘的便在掩蔽部內養精蓄銳，不到我軍逼近陣前，絕不輕易射擊。

七月二十五日，新三十師的九十團也由列多空運到密支那，密支那攻城戰，接着就進入街市戰的階段。

三十一日，我各路大軍聯合圍攻，逐碼前進，已將密支那市區佔領過半，在這危城已破的時候，而敵酋還發出最後的命令，要他的部下對天皇盡忠，可憐的敵軍也眞就是這樣的傻幹，至死不悟。

八月二日清晨，我五十師師長潘裕昆將軍眼看着城北敵軍非常頑強，工事也十分堅固，攻擊不易，而且犧牲很大，便決定即刻組織敢死隊，用獎賞的辦法，徵選勇敢官兵一百人，隨身攜帶輕便武器和通信器材，利用夜晚分組潛入敵人後方，把敵軍通信設施完全割斷，第二天拂曉，即向預定的重要據點及敵軍指揮所，作猛烈果敢的突擊，敢死隊得手以後，其餘的攻擊部隊同時應聲而起，不顧一切往前衝去。當天五十師就把十一條橫馬路完全佔領，並掃蕩肅清營房區以東沿江一帶的殘敵，新三十師攻下了敵人打算作爲死守據點的營房全部，城北的美軍也將西打坡佔領。四五兩日，我軍繼續肅清戰場，爲敵軍所不顧一切犧牲頑守的緬北重鎭密支那，終於全部歸入我軍掌握。六日，八九團渡江向卡率追擊，就地對八莫方面警戒，十四師的兩營，也同時攻克宛貌、滿那，肅清密支那東岸之敵。經過三個多月的密支那戰鬥，到此才算結束，我軍先後斃敵二千三百餘人，將守城的十八師團一一四聯隊的主力，和五六師團一四八聯隊及工兵隊第十二聯隊各一部，完全殲滅，並活捉敵官兵六十九人。

（註）一、瓦霜Wansawgn　二、孫布拉蚌Sumpura Bum　三、雷班Ritbong　四、丁克路高 Ting-krukawng　五、遮巴德Charpate　六、馬魯Moian　七、喬哈特Jorhat　八、宛貌Waingmaw　九、卡率Kasu　十、西打坡Sitapur　十一、滿那Maingna

十六　歷史的握手

五月十一日，當孟拱河谷戰鬥正酣的時候，衞立煌將軍指揮下的滇西國軍也分路渡過怒江西岸，配合緬北我軍的攻勢。八月五日，駐印軍攻克密支那，滇西國軍左翼也迫近芒市，右翼已攻下騰衝，緬北滇西連成了一氣。於是雙方指揮官決定先作一次小規模的會師，會師的隊伍分別從密支那、騰衝兩地出發，相向而行。

密支那到騰衝，原來有一條馱馬古道，那是來往滇緬一帶經商的冒險家們所開闢出來的，至於在什麼時候就有這一條道路，那祇能說是很久很久了。這條路是從山連山山套山裏旋轉出來的，它載負人物最多最重的時期，並不是在每年春夏之交，滇緬商業交往最熱鬧的時候，而是在三十一年的初夏時節，那時，成千累萬從緬甸和南洋一帶退出的僑胞，扶老攜幼，打從這條路逃往祖國的懷抱，還有大批負傷轉進的國軍，也從這條路轉往昆明。自從那次它掩埋了許多負傷者的血跡和病餓而死者的屍骨以後，它就一直被人類遺棄着，雜草掩蓋了它原來的面目，一變而成為一條荒涼的古道了。

駐印軍會師的隊伍，由孫立人將軍指派新三十八師孫蔚明連長指揮率領，人數一共是二百二十個，是一個加強連的配備，包括步兵兩排、輜重兵一排、騾馬三十四、工兵一班、諜報隊員四人，還有美國工兵、工程師、醫官、無線電臺、攝影師等。八月二十六日，孫連長率領了這批人馬，從孟拱東路的南堤車站，趕到密支那，聽取孫立人將軍指示這次會師的路線、任務，和一路上應該注意的事項。

整整的兩年了，這條沒有人行的荒涼古道，現在又印着中國駐印軍健兒們的足跡，雖然是山高路險，但興奮使他們忘記了疲勞，美國弟兄們也是興高彩烈，一路說說笑笑，「OK」「頂好」的聲音在山谷中傳出了清脆的迴響。

三十一日，他們到達沙東，這算是沿路上最大的一個村落，居民大約有一千五百多人，其中除了由密支那、騰衝逃難來的兩百多華僑而外，都是喀欽人，山頂上有一座碉堡，住着兩連喀欽兵，指揮官是美國的路斯少校。山裏最缺乏的東西是鹽巴、布疋、針線和藥品，這次會師隊伍的三十四騾馬，一部份馱着糧彈，一部份就是馱運這些東西，預備分散給他們，消息傳播得很快，三十里內外的居民都紛紛的趕來。

九月一日，部隊在沙東休息，上午檢查武器和裝備，下午召開村長大會，附近各村村長到了二十多位，由孫連長代表國軍慰問全體民衆，村長們表示十分感激，大家都願意在各方面協助盟國軍隊，會講喀欽話的諜報隊員，成了臨時的翻譯官，忙得不亦樂乎。會後接着是聚餐，殺牛割雞，煮野菜，還有牛羊肉各種罐頭，中西合璧，軍民雜處，在這樣的深山窮鄉裏，恐怕是開天闢地以來的第一件大事了。華僑們說話的聲音興奮得有些顫抖，他們說從來沒有看到過像這樣整齊威武的國軍。

九月四日，會師隊伍到達千巴底，這是緬甸境內最後一個村莊，但沒有房屋，工兵搭起了臨時的營舍。五日，在千巴底休息一天，用無線電和滇西遠征軍會師隊伍取得了聯絡，並約好了第二天會師的時間。

從八月二十八日他們開始爬山起，一直都是細雨霏霏的日子，九月六日，天依然是陰沉沉的，山中瀰漫着濃霧，雨却停住了，在這多雨的山區裏，也是雨季中難得的晴爽日子。會師地點是在高黎貢山口中緬交界的地方。孫連長率領的一批人馬，就是在這個大霧的早晨從干巴底出發，順着一條已被山洪沖毀的廢路，往上爬行，這條廢路的下端是干巴底，上端就是高黎貢山口。上午十時，他們爬到了海拔八千八百尺的高黎貢出口，正好是他們約定的時間，山口上有一塊大約二十來丈平方的草坪，中間豎立一塊石頭界碑，刻着「國界」兩個大字。大家似乎忘掉剛才爬山的勞累，也不感到冷霧和冷汗交浸的涼意，圍繞着這塊界石狂熱的歡躍高歌，面對着濃霧背後的祖國河山，心頭上有說不出的愉悅和溫暖！一刻鐘後，由騰衝出發的會師隊伍也陸續從山的那邊，撥開雲霧，爬上山脊，在斗笠下面霧出了熟悉的面影，這一批人馬是由衞立煌將軍麾下的工兵團團附胡振國中校率領的，裏面也有美國的情報科長和連絡官。

會師典禮開始，孫連長指揮的駐印軍列成橫隊，站在國界線緬甸境的這一邊，胡團附指揮的滇西遠征軍也列成橫隊，站在國界線國境的那一邊，兩邊隔着國界正面相對。駐印軍先向滇西遠征軍敬禮，高呼：「歡迎你們到緬甸來！」接着滇西遠征軍回向駐印軍敬禮，同樣的高呼：「歡迎你們回中國來！」在一片歡呼聲裏，大家踏着國界線在瀰漫的雲霧中相互緊緊的握手，這是一次歷史的握手啊！握手之後，兩邊交換了位置和方向，滇西遠征軍進入了緬甸，駐印軍也回到了中國。再經過一次位置和方向的變換之後，大家又恢復了原來的位置，簡單而隆重的會師典禮便告完成。

會師以後，雙方的隊伍，都下山到干巴底休息一天，由駐印軍做東道，拿出給養和香煙，殷勤招待。晚間，在營房內外，燃起一堆堆的篝火，彼此促膝談心，駐印軍說的是異國風光，遠征軍說的是鄉音國訊，其樂融融。

一夜的時光，在暢談的情緒中是很容易消逝的，第二天上午，滇西遠征軍先行返國，臨行時，彼此互道珍重，互相勉勵着早日打通中印公路的全程，舉行全面的大會師。

九月八日，駐印軍也由干巴底起程回密支那，路過沙東時，全村民衆都擠在街頭歡送，華僑更是熱烈親切的高呼口號，又送大批雞酒慰勞全體官兵。十四日中午，會師隊伍又跨過伊洛瓦底江，回到密支那，在二十天往返的行程當中，他們順利完成了這一偉大的歷史任務。

十七 一段中緬關係史插話

一世紀末，那時還在漢代，緬甸就對中國有了朝貢的關係，史籍上稱爲撣國。到了唐代，她更與中國開始發生了政治因緣，當時緬甸還在割據時代，北部有蒲族人建立的新蒲甘王國，即唐書所稱的驃國，西南部有阿拉干人建立的阿拉干國，南部有猛族人建立的擺古國。其中以蒲甘王國文化程度最高，人民奉信佛教，擅長音樂，曾獻樂來過中國，新唐書驃國傳中，有着詳細的記載；南宋時，稱緬國，和波斯同以白象來朝；元初，因扣留招降使臣，世祖忽必烈派遣駐紮南甸的蒙古千戶忽都就近發兵征討，忽都率騎兵七百人兼程入緬，大破緬軍五萬於太平江畔，大將納速剌丁復從太平江背出，佔八莫直趨康同，招降十餘萬戶，其後一二八三年元軍又大舉征緬，破康同，直搗中緬甸，並設置征緬行省，專管征緬軍事，後二年又破臺拱城，緬王投降，接受元代册封，稱臣進貢，先後入朝十三次；明代的政治力量，仍能深入緬北，並在緬北及上緬甸設置宣慰司，册封有功將領和當地有聲望而忠誠膺服的土酋，中朝因爲閹宦弄權，內政腐敗，對邊疆無力過問，中緬關係隨之進入了若斷若續的階段。明代末年，清兵入關，桂王逃往緬甸，賊臣吳三桂率兵追到緬京阿瓦，緬王莽應時獻王出降，這是清緬發生關係的開端。一七六七年，緬人虐待華僑，乾隆派遣明瑞、額爾登二將統率着滿兵三千、漢兵兩萬，分由新維、八莫兩路沿伊洛瓦底江南下，相約在阿瓦會師，後來因爲額爾登貽誤戎機，明瑞孤軍深入瓦城，糧盡戰死，清廷又改派大學士傅恆督師，緬軍大敗，遣使乞和，稱臣進貢；此後一直到一八八五年爲止，緬甸對我國，始終維持着藩屬國的關係。英滅緬甸時，清廷抗議結果，英政府曾承認中國對緬甸仍具有宗主國的權益，並自願代表緬甸向我國朝貢；可是滿清政府的抗議，不過只是爲着顧全堂堂大國的面子，並沒有切實責成英國履行的決心，而英國政府代緬朝貢的諾言，也就成了一句敷衍面子的假話。滿清政府這種漠視邊疆的後果，不僅將中緬數千年來的藩屬關係一刀割斷，更引起以後爲着中緬邊界問題而失去了雲南省境內的許多國土：一八九四年定界，丢了八莫以北和撣部一片廣大區域，一九〇〇年查勘邊境，再決定以尖高山爲中緬分界線，又失去滇邊一千八百平方英里的土地。這都緣於當時官吏過度昏庸腐化，朝廷特派的定界大吏，他不肯親自去到定界線看看，只憑着一紙空談，就貿然簽字，連國界究竟劃在那裏，他自己都不知道。

中緬既然有這樣長久的歷史關係，元明各代對於緬甸又有過煊赫的武功，照理說應該有許多歷史的陳跡可供研究中緬關係史的人去參考，筆者隨軍在緬甸奔馳，到處都很留心這些資料，特別是殘碑斷碣，但是耳聞的雖然很多，目見的却太少，當部隊攻克密支那時，地雷還沒有掃清，我就到處去尋找明兵部尚書王驥所立的那塊紀功石，只曉得那塊石頭上刻有「海枯石爛，爾乃得渡」的碑文，私念此外一定還有其他的文字，可以幫助我對於這一段歷史有進一步的發現，但是找來找去，不但不見那塊石碑的踪跡，連石碑原來立在何處，都沒有人能說得出來。後來在一位熟習當地掌故的老華僑口中，才知道那塊石碑，早在一八八六年，就被人推到伊洛瓦底江裏去了，碑雖湮沒不存，但「海枯石爛，爾乃得渡」這八個字却被牢記在人們的腦海裏，從這八個字的涵意，可以看出密支那是當時的邊防重鎮之一，而且一定還有重兵扼守的。

部隊佔領了八莫，我們才在距離八莫七十多里的廟堤，發現了一個具有歷史性和軍事價值的碑碣，這塊碑被埋在廟堤對岸的一個土崗上，爲花崗岩質，長六尺，寬四尺，厚一尺，已裂成三塊，我們費了一排工兵的一天時間，把它挖掘起來，重新豎起，碑石中央鐫刻「威遠營」三個大字，左刻「大明征西將軍劉築壇誓衆於此，誓曰：六慰拓開，三宣恢復，衆夷格心，永遠貢賦，洗甲金沙，藏刀鬼窟，不縱不擒，南人自服。」右刻「受誓：孟養宣慰司，木邦宣慰司，孟密安撫司，隴川宣撫司，萬曆十二年三月十二日立刻。」

所署征西將軍劉，考其時代，當爲劉綎，參加誓師的，雖因交通關係，未能包括全邊圉的「六慰」「三宣」，但就當日趕到的四個土司所轄的區域，已是今日整個緬北的天地了。

孟養，英譯作Moyint，清一統志載稱：「孟養轄地東至金沙江，西界大古喇宣慰司，南界緬甸，北界千崖，俗名迤西，有香柏城。」又永昌（今保山）府志騰越（今騰衝）州志稱孟養「北極吐蕃，西通天竺，東南隣於緬。」所有印度阿薩密省以東，康藏以南，包括江心坡及胡康、孟拱兩河谷，直到卡薩，都是孟養宣慰司的範圍。

木邦，舊名孟都，一名孟邦，今新維一帶地區，其古代部落，相傳是蜀漢時南蠻鹿木王苗裔。

孟密即今南坎的孟密一帶地，英譯作Momeik。清一統志載稱：「孟密東界土邦，西界緬甸，南界孟卯，北界蠻莫（即八莫）。」明史雲南土司傳謂「孟密地有寶井。」南杜以南的孟谷有寶石鑛。

隴川，即麓川，明代設置麓川平緬宣慰司，後因叛亂，遣兵部尚書王驥討平之，改麓川爲隴川，設宣撫司，即今瑞麗河兩岸地區。

劉綎當年召集各路土司，特別選擇八莫附近立碑誓石的用意，不難令人體會到，他準備以八莫作爲開拓六慰恢復三宣的根據地，碑文中所說的「不縱不擒，南人自服。」意即佔有了八莫南北的地區，便取得了戰略上優越的地位，可以不戰而屈人之兵，使邊人拱手自服。可見八莫在戰略上所處的形勢，是何等的重要！元代征緬直搗甘蒲王朝都城的時候，西南各路大軍在八莫會師，那時八莫叫做江頭城，因爲它是伊洛瓦底江口的重鎮，明代設置蠻莫土司，八莫就是這個土司的行政中心，清乾隆帝以水陸軍併發征緬，八莫也是一個重要的會戰地點。這次我軍在緬北作戰，對八莫地勢在戰略戰術和用兵的價値上，深感古今一體，本章寫的雖是中緬關係史話，但我却願意把八莫的地理形勢附帶的寫述一下：

八莫位於北緯二十四度十六分，東經九十七度十八分，在伊洛瓦底江和太平江匯流的右岸，南距曼德勒二七五英里，仰光五九七英里，東南距南坎七十一英里，北距密支那一三五英里，東北距騰衝一一二英里，爲上緬甸水陸交通要地，水路南通瓦城仰光，可以航行大輪汽船，小船沿伊洛瓦底江上駛，可到密支那、孟拱，乃至加邁；密支那以上，雖然沒有航行之利，但有公路可去片馬和孫布拉蚌。八莫到騰衝，在中印公路未通以前，交通完全依賴一條騾馬古道，這條路不僅在滇緬商業往來上有過極大的貢獻，而且我國歷朝對緬用兵也多是取道於此，元時馬可波羅到中國，走的也是這條路；從密支那到八莫的一路上，西邊有伊洛瓦底江作依托，東邊有中緬分界的昔董和興龍卡巴兩大山脈為屏障，密八公路好像是掛在山邊，公路兩傍，一邊是高山，一邊是深壑，南太白河、南山河、貌兒河、太平江橫貫其間，形成天然理想的遲緩陣地；尤其是太平江河幅寬闊，對岸地形平坦，更為直接防守八莫外圍的良好河川防禦地帶。八莫城區附近，湖沼縱橫，地形起伏，建築和林木雜植其間，極易隱蔽，是一個利於守不利於攻的軍略據點，是一個性格倔強的地形。但市區在伊洛瓦底江漣漪碧流的環抱下，遠山點翠，近樹葱蘢，於倔強的地形性格中，又流露出秀麗和嫵媚的情調來，使人越發感覺到這座歷史名城的偉大。

（註）一、南甸　今屬雲南騰衝縣　二、太平江 Taping R.　三、康同 Kaunton　四、台拱 Tagoong　五、新維 Hsenwi　六、廟堤 Myothit　七、那龍 Nalong　八、新龍卡巴 Sinlumkaba　九、南太白河 Mamtebet R.　十、南山河 Namsang R.　十一、貌兒河 Mole R.

十八　莫掃穴

駐印軍從三十二年春天，開始掩護修築中印公路起，到三十三年八月四日佔領密支那止，作戰時間十七個月，中間一直沒有休息過，特別是新三十八師轉戰最久，十七個月當中，沒有一天讓全師的兵員得到一個總休息的機會，就是團以下的部隊，以調作預備隊作爲休息計算，也沒有那一個團能夠連續休息到一個星期以上，造成世界長程不斷作戰的紀錄。

密支那攻下以後，健兒們算是得到了一次大休息，部隊也利用這個時間重新整編，新一軍劃分成兩個軍，孫立人將軍任新一軍軍長，統率新三十師，新三十八師，和五十師；撥出新二十二師和十四師成立新六軍，歸廖耀湘將軍統率；後者在從孟拱出兵佔瑞姑之後，便奉調返國，前者繼續揮戈南下，完成打通中印公路的全責。這時，總指揮史迪威將軍已奉調返美，改任索爾登將軍爲中國駐印軍總指揮，鄭洞國將軍爲副總指揮。

各師師長除五十師和十四師仍爲潘裕昆、龍天武兩將軍外，第一一四團團長李鴻和新二十二師副師長李濤分別升任新三十八師和新二十二師師長，新三十八師副師長唐守治繼胡素將軍出新三十師，各師副師長和各團團長也有一番更動和調整。

十月間，緬北雨季已漸至末期，晝午雖依然炎熱，但早晚已有涼意，氣候有如珠江流域一帶的晚秋，駐印軍在江山如畫的密支那，熱烈的度過雙十節，一個多月來的休整，部隊漸漸恢復了疲勞，他們又以越戰越勇的恣態，向八莫作閃電的突進。伊洛瓦底江上汽艇往返如梭，把駐在密支那的人馬一批一批的搬過江去，工兵沒晝沒夜的趕修一座橫跨伊江的大橋，把密支那通八莫的公路連接起來。

十月十五日，新一軍部隊全部渡江完畢，新三十八師爲第一線兵團，直撲八莫，新三十師爲第二線兵團，隨新三十八師的進展而躍進。

當密支那戰況緊張的時候，敵人曾由緬南方面抽調第二師團趕往增援，不料第二師團剛剛到達南坎，密支那已被我軍佔領。乃改以該師團搜索聯隊作基幹，加入十六聯隊第二大隊的全部，野砲一大隊、戰車十輛及十八師團五五聯隊第二大隊，混合編成一個支隊，由搜索聯隊長原好三大佐指揮，擔任八莫的防禦，另以一大隊兵力，推進到廟堤那龍公路間及其兩側山地，構築前進陣地，截阻我軍對八莫的攻勢；由於新三十八師行動迅速，迫使敵軍不及立足，便自動放棄了那龍廟堤一帶有利的山形地勢，退守太平江以南地區。

太平江從滇西的山中流出，在緬甸邊境，和南太白河合股北流，到廟堤又轉而曲折向南，在八莫附近注入伊洛瓦底江，形成八莫外圍的三角陣地，廟堤，就是在這個三角地最北尖端的對岸。

新三十八師半個月的閃擊攻勢，推進二百四十多里，十月二十九日，一鼓把廟堤一個中隊的守敵擊滅，佔領太平江北岸正面的全線，使八莫敵軍的外圍防禦陣地，完全龜縮在三角地帶的裏面。

太平江正面的河幅，有七百尺寬，水流很急，對岸是一個高崗，敵人建築了許多強固工事，控制着所有可能渡河的渡口，廟堤附近又是一塊平地，部隊的渡河行動，處處都容易受到敵人的瞰制。孫立人將軍三番兩次的親自到河邊視察，最後決定教新三十八師主力，從大利以北地區，祕密轉移到左翼山地，從鐵索橋上走過太平江，向不蘭丹及興龍卡巴一線，對八莫曼西作旋迴行動，包抄敵軍的後路；以一部兵力在太平江北岸正面採取佯攻態勢，吸引敵軍注意力，掩護左翼主力行動，這是明修棧道暗渡陳倉的戰法。

左翼旋迴部隊所經過的路程，都是海拔六千尺以上連綿起伏的山地，興龍卡巴附近地勢，更爲險要，清傅恆征緬取道的銅壁關即在此處，從工程偉大的鐵索橋上，俯瞰太平江裏的浪花，想起當年造橋的人，還留下了歷史的功勛。十一月六日，陳鳴人團長率領的一一二團首先佔領這一帶險地，接着李鴻師長也帶着王東籬團迂迴過去，兩下以迅雷不及掩耳之勢，全線衝出山地，攻佔莫馬克東側的卡王，並將莫馬克以北到廟堤間公路東側的敵軍據點完全攻下，造成全軍的有利形勢。

這時在太平江正面擔任佯攻的一一三團，眼看師的主力都已迂迴過去，自己老是和敵人相持不下，十分着急，趙團長先後派人偵察四個渡河點，都是因爲受到敵人猛烈砲火控制不能成功，最後他決定了硬從廟堤正面強渡過去。十一月八日夜晚，他抽選六個精幹的士兵，教他們游泳過江，到對岸敵人陣地偵探動靜，這六位是：段仲權、曾祥進、王大富、陳德、廖林銀、鄧善清，他們曾在一個禮拜前的夜間偷泳過江，在敵人陣地裏拿了幾包興亞牌香煙和幾罐日本魚罐頭回來繳令的。江水又寬又深又急又冷，一共費了三個鐘頭時間才游過去，江面的寬，江水的深和江流的急，對於這六位藝高膽大的英雄，沒有什麼害怕，只是刺骨的寒冷，使他們僵木了半晌，他們過江之後，便從敵人陣地左近看出了破綻，急忙放出信號，在廟堤江岸等候已久的第三連，什麼都準備好了，立刻浮水過去，這時敵人還在睡夢之中，游過河的水鷄部隊沒有費力，便佔領了陣地，接着，其他各營連都放心大膽的渡了過去。

趙團過江之後，分道順着新舊公路，直撲莫馬克和馬于濱等地，至十一月十六日，已將八莫市區外圍的大小村落和三個飛機場完全佔領。新三十師也趁着這個時候，推進到大利、廟提一帶，接替太平江北岸的防務，並以一部兵力過江，和新三十八師取得密切聯絡。

新三十八師左翼主力，向莫馬克及公路線上攻擊的部隊，和從廟提南下的部隊會合後，即轉向莫馬克攻擊；又以一團兵力從莫馬克東側山邊小路向西南攻打曼西，十七日把曼西佔領，斬斷八莫通南坎的公路，從此八莫敵軍不但等待增援轉移攻勢的企圖完全幻滅，且已陷入重重緊密的包圍圈中，而被困於死地了。對莫馬克攻擊的部隊，於十三日對敵完成有力的包圍圈後，即由西北突入敵陣，激戰到十四日下午將該地攻佔，殘敵打算向八莫竄逃，又在莫馬克西北二里的雜林中，被我追踪再度包圍，經過五晝夜的掃蕩，把它全部消滅，遺屍山積，因之，八莫敵軍又更進一步的失去動作的自由。三十一日以後，新三十八師除以一部兵力確保曼西斷絕敵後交通，並派兵渡江，在八莫對岸設置埋伏陣地，使敵軍不能乘黑夜偷渡滲出包圍圈外，其餘主力對八莫敵軍鑄成了鐵的環鎖。

八莫市區陣地，是一個橢圓形，南北縱長十里，東西橫寬六里，裏面湖沼很多，形成許多龜背形的高地，犬牙相錯，彼此都能相互策應，爲着構築祕密工事，半年前敵人即禁止民衆進入市區，許多掩蔽部都是用十四五層合抱不交的大樹夾雜着鋼骨泥土建築起來，一座座的像是地下堡壘，十五公分的重砲彈打在上面，若無其事，五百磅的炸彈直接命中，也不能把它完全炸毀，掩蔽部裏面還有很多的床位和水電設備，一切都是作死守的準備。敵人憑藉着地形之利，工事做得十分隱蔽，火力的控制也很靈活，一個敵兵在這個掩蔽部裏射擊幾發，又藉着交通壕跑到另外一個掩蔽部裏去，我們的步兵必須十分機警，如果魯莽前進，就有在側背遇伏的危險，敵人陣地的區分，有東南北三大據點和腹廓陣地。

攻城的部隊漸漸的逼近市區了，敵人拿出了看家的法寶來，戰車、各種大砲，還有肉搏隊，在複雜的地形和堅固的陣地前，全面的總攻擊是很難進行的，我們只有逐碼前進，漸次縮小包圍。白天，我們的空軍和砲兵的確是十分活躍，但並沒有埋沒步兵的功績，却只把步兵的勇氣更提高了，使他們勇敢得有些近於冒失，十一月十八日那天，因爲後方沒有把彈藥按時輸送上去，步兵的子彈打完了，整夜和敵人拚刺刀，剛巧十九日早晨又是一場大霧，天還沒亮，敵人的肉搏隊就藉着濃霧的掩護，摸到一一三團二三兩連的陣地，衝進交通壕，在窄狹的戰壕裏，一切的武器連衝鋒槍都無法施展，大家都拿着刺刀肉搏，一個輕機槍兵被敵人戳死了，預備槍兵陳雲興右脇下也挨了一刀，他手無寸鐵，只有兩隻手，急忙用左手順着來勢把敵人刺過來的槍按在地下，右手迅速的抓住敵人的咽喉，他的五個手指，立刻變成了五隻鋼鈎，戳通了敵人的喉管，最後他用力一扯，連敵人的舌頭都從喉管裏抽了出來，這段英勇故事，不但傳遍了緬北戰場，而且還哄動了成都，因爲他是成都人，所以成都各報都誇讚這位「成都兵」。

攻城戰進行到十二月十四日，南北兩大據點，都被我軍佔領，最堅固的陸軍監獄、憲兵營房和老砲臺，也都拿了下來，攻城大軍乘勝沿着江岸馬路，直搗腹廓陣地，混戰中，打死了原好三大佐，「擒賊先擒王」，指揮官一死，敵軍便紛亂一團；當晚，我軍施行夜間攻擊，殘敵見大勢已去，也想趁着黑夜突圍逃命，因此，兩下都用出最大的火力衝殺，演成我軍佔領八莫前最慘烈的一幕；惡戰到天亮，殘敵除掉極少數的六十多人，漏網跳江外，其餘全部消滅，八莫市區於十五日正午十二時完全歸入我軍的掌握。

從敵人的死屍身上搜出防禦八莫的計畫，它把防禦戰分成三期：第一期是太平江的戰鬥，第二期是八莫外圍的戰鬥，第三期是城區的戰鬥，每一期都規定了一個最低限度的死守時間，一共是三個月，原好三還打算利用八莫的有利地形，長期孤守，等待增援部隊到達，轉移攻勢，不想竟被新三十八師以二十八天的時光，把他們的死守計畫粉碎了。

這一仗，斃敵原好三大佐以下官兵兩千四百多，俘虜池田大尉等二十一人，擄獲零式戰鬥機兩架，戰車十輛，壓路機及牽引車八輛，輕重機關槍九十五挺，步槍一千二百七十三枝，各種口徑大砲二十八門。

為紀念這一個戰役的偉績，緬北盟軍最高當局特把從莫馬克到八莫市區的一段公路定名為孫立人路，將八莫市區中心馬路，定名為李鴻路。

（註）一、瑞姑 Shwegu　二、南坎 Namhkam　三、那龍 Nalong　四、大利 Tali　五、不蘭丹 Pranghtung　六、曼西 Mansi　七、莫馬克 Momauk　八、馬于濱 Maubin

十九　合圍南坎

十一月十九日，正當新三十八師猛烈圍攻八莫，襲佔曼西隘口截斷八南公路的時候，孫立人將軍以戰略上爭取主動爲着眼點，以求早日打通舊滇緬公路，不因敵軍的死守八莫，而遲滯軍事的進展，故不候八莫攻下，令新三十師間道越過八莫，對南坎發動攻勢。南坎是明代木邦宣慰司直轄的土地，北距八莫七一英里，東北距畹町三九英里，南距臘戍一三四英里，在瑞麗江南岸，爲緬北肥沃的產米區，南坎地區爲一狹長的谷地，四面都是高山，地形低窪平坦，土質鬆軟，不利於守，更不利於攻，所以爭奪南坎，必先爭奪四圍的制高點。

從八莫南出，到馬丹陽便進入山地，萬山叢錯，綿亘一百二十餘里，直達南坎西北，形成南坎外圍的天然屏障，新三十師進展到馬丹陽時，標高才不過四百尺，再行三十多里到堡坦，就升到海拔四千尺的高地，這一路地勢的陡險，也就可想而知了。

從馬丹陽一路往上升的山勢，到了卡的克又逐漸下降，往後一直到南坎，都是下坡，因此，卡的克便成爲這一帶山區的分水嶺，形勢非常險要，再加上左邊的五三三八奇峯，和右邊的蚌加塘高地，互爲犄角形勢，進可以攻，退可以守，爲決定南坎爭奪戰勝負的關鍵，敵人在這一帶高地，儲藏了大量的糧草和彈藥，構築許多祕密砲兵陣地。

密支那被我軍攻克後，敵人到處求援，一面補充整理殘破的第二師團、五六師團和已經經過十一次補充的十八師團，一面搬來原駐朝鮮的四九師團，打算利用原好三的部隊死守八莫，拖延時間，又在南坎附近一帶利用有利地形作週密部署，阻止新一軍的南下，和滇西遠征軍的西進。後來因為新一軍部隊主動攻勢來得太快，新三十八師團攻下的八莫，危在旦夕，新三十師又長驅疾進，直迫南坎。在南坎負責指揮的山崎四郎大佐，眼見時機緊迫，不容有從容佈署的時間，便匆匆的糾集自己的五五聯隊、五六師團一四六聯隊的一部、砲兵第十八聯隊第一大隊、輜重工兵等一大隊，和剛由朝鮮調來的四九師團的一六八聯隊，從南坎西側二十里處的曼溫附近地區星夜出發，企圖窺伺我軍兵力分離進出山地的時機，一舉擊破新三十師的主力於南于山地附近，然後沿公路及其兩側山地，傾竭全力向曼西突進，以解救八莫原支隊的圍困。

新三十師的主力，於十一月底，分成三個縱隊，越過曼西，一路爬上比貴州松坎附近的釣絲岩還險峻十倍的山坡，十二月三日，先頭各部隊分別在康般西北地區及南于附近，與敵南坎外圍山地部隊發生激戰，四月五日，擊退敵對我右側攻擊部隊的反撲，搶了一步先，將五三三八高峯佔領，把敵人增援部隊完全阻止在山脚的下面。九日，山崎大佐指揮的部隊，集中一五〇重砲兩門，山砲八門，平射砲十六門，對我軍全線發動了猛烈的攻勢，又利用山間已乾涸的溪流舊道隱蔽，分四路向我軍正面鑽隙滲進，敵我曾一度陷於混戰，但竄入的敵軍不久即被全數消滅。這時孫立人將軍看出來敵兵力的雄厚和企圖的積極，速將在曼西警戒的八十九團，星夜調赴前線，又由八莫方面抽調新三十八師的一個加強團，由陳鳴人上校率領為軍左側獨立支隊，對南坎方面敵軍的右側，作祕密深遠迂迴行動，向敵右後方施行截擊，敵軍似乎已察知我軍正面兵力雄厚，同時他們明白要制勝必先制高，乃在十四日將主力轉移到右翼，向我五三三八高地猛烈仰攻，一日之間，發射出三千多砲彈，九十團第三營陣地完全被毀，營長王禮宏壯烈犧牲；一陣砲擊之後，步兵即以密集隊形作自殺式的連續衝鋒，我們雄踞在山上面的輕重機關槍、衝鋒槍、步槍一齊叫嚣起來，第一隊的敵人倒下去，第二隊跟着上來，接着第三隊、第四隊……他們好像發了瘋，甚至後一隊的人，竟拿前一隊剛剛倒下去的「戰友」，作爲一刹那間衝鋒前進的掩護，這樣不分晝夜一連衝了十五次，都被山上的火舌吞噬了；最後，他們是力也完了，氣也竭了，也傷亡得差不多了，才紛紛向密林中逃竄，遺屍在我軍陣地前面的有一千二百六十三具之多，內有中少佐以下軍官四十一人，丟下輕重機關槍七十六挺，大砲六門，步槍六百五十支，擲彈筒四十六個，卡車四十六輛。

在敵軍猛攻五三三八高地時，八八團健兒正從左翼蚌加塘高地向馬支攻擊前進，截斷正面敵軍突擊部隊的交通線，從公路東西夾擊，於十九日將卡的克及卡龍完全攻下，敵軍神田大隊和陣地同時毀滅。

這一場遭遇戰，擊潰了敵軍的主力和旺盛的企圖，南坎的命運便被決定了，我軍站在高屋建瓴的地勢，指揮官們拿起望遠鏡，任意在卡的克或者是五三三八高地察看南坎敵軍的動靜，洞澈無遺，而往南坎去，便是一步一步的下坡路了。

新年在槍砲聲中，悄悄的溜了過去，大家的眼睛都在望着南坎，誰也沒理會到過年的事。年底，左側獨立支隊的一一二團，從南宛河北岸的崇山峻嶺中，覷破敵陣的空隙，強渡到中國境內，佔領壘允和中央飛機製造廠舊址，他們在祖國的懷抱中，大吃豆腐，這是幾年來沒有吃到的故國口味，弟兄都打了一次牙祭，算是慶祝新年。

一一二團取得壘允後，再繼續前進，佔領南坎北面一帶高地，并向東攻擊，和滇西國軍遙相呼應；新三十師正面攻擊的部隊也控制了南坎西面的大部山頭，將要完成的合圍形勢，只剩下西南角上一個缺口。

一月五日，新三十八師的一一四團緊跟着八十九團的後面，由南坎西面的古當山脈中鑽出來，佔領了西南角上一帶高地，缺口漸漸縮小；七日，這兩支迂迴部隊行進到瑞麗江邊，不想竟碰到淋漓大雨，這是在緬北乾季中極少有的現象，原來不過一百來尺寬的江面，一夜之間就加寬到四百多尺。南坎四圍，因爲地勢高峻的原故，早晚氣候本來已經很涼，雨中更加倍覺得寒冷，晚間把三床毛毯雙疊起來蓋，還冷得縮成一團，而瑞麗江也並沒有像它的名字那樣瑞麗，却是一條令人心悸的河川，它的兩旁都是懸崖絕壁，許多很大的亂石參差的長在水裏，形成很多險惡的水灘，水深平均在一丈五尺以上。迂迴部隊沒有因爲雨、冷，和江水的險惡，遲緩他們的行動，連夜冒着大雨渡過瑞麗江；過江之後，困難越發的增加，東岸山峯更陡，泥濘路滑，馬匹跌死很多，和雨季中在孟拱河谷所遭遇的困苦情形差不多！爲了任務，大家都忘記了艱辛，八九團從西南朝東北緊緊的把南坎西南面的缺口堵住，一一四團便向南伸展，截斷南坎以南的公路，斷絕敵人的後援和補給。

南坎谷地內，大家都預料到不會有大的戰事，問題只是在四圍的山上，到了四圍的制高點都被我軍奪取之後，向南坎腹地挺進的我軍，更顯得活躍了。十一日，新三十師正面攻擊部隊已將茅塘敵軍陣地突破，九十團的主力順着瑞麗江北岸祕密南下，乘着大霧迷濛偷渡過江，和八十九團作內線平行運動；十四日，這兩個團都到達南坎西南一帶六千尺以上的森林地區，兩下會商停當，一個從背後一個從側面直撲南坎，十五日早晨，南坎河谷又撒滿了一場濃霧，擔任側面攻擊的九十團，便藉着大霧的掩護，從田壠中以廣泛的正面向南坎突擊，十一時半，霧剛剛散，南坎便被我軍佔領。隨着四圍山中激烈砲聲的低落，二三日後，殘敵也被掃蕩淨盡了。

（註）一、八南公路　即八莫至南坎公路　二、馬丹陽Madanyang　三、堡坦Hpamthan　四、卡的克Kaibtik　五、蚌加塘Bumgahtawng　六、曼温Manwing　七、南于Namyu　八、般康Pamghkam　九、馬支Maji　十、卡龍Hkalum　十一、南宛河Namwan R.　十二、壘允Loiwing　十三、茅塘Mawtawng

二十　芒友會師

南坎克復後的第二天上午十一點半，前線上空出現了幾架戰鬥機，接着有三架「空中吉普」着陸，載來了索爾登、魏德邁、戴維斯三位將軍：索爾登將軍戴着一頂大舌頭的中國軍帽，營長以上的官佐，大概都能認識他；魏德邁將軍老是住在重慶，這還是第一次到緬北前線來，駐印軍官兵除了少數高級將領之外，都是只知其名，未見其人；戴維斯將軍是美陸軍第十航空隊司令，他的部隊一向是在天空中協助我們作戰，性情豪爽得有些像兒女英雄傳上的鄧九公，口裏老是歡喜嚷着孩子們長孩子們短的。他們匆匆的在軍部吃了午飯，就和孫立人將軍一道向遮放而去，大家都意識到「中印公路快通」了。

十八日，何總長派了代表來慰問駐印軍。十九日，孫將軍從芒市回來，表示馬上就可以和滇西國軍會師。從十七日起，新三十八師主力將南坎河套之敵肅清後，即節節向東壓迫，至十九日，已將色蘭、般鶴、般託來、南曳拉、卡孔、墨哥、色納等二十幾個據點攻克，推進六十餘里，二十一日，前鋒逼進舊滇緬路進出的咽喉——芒友，并將芒友西北外圍重要據點鬧陽、曼偉因和苗斯攻克，與滇西國軍前哨會師。敵五五聯隊傷亡過半，退據六千尺以上的老龍山山區核心陣地，和由滇西退至芒友的五六師團殘部互通聲氣，企圖夾擊我軍，不料我軍又以迅急手段，由東北山地鑽隙突出，將形成芒友西南外圍屏障的南拉、腰班、約拉等一帶高地攻佔，殘敵爲挽救其所處的不利形勢，迅即糾集主力，一路由芒友東出，一路由芒友西北南下，一路由曼康北上，三路反撲，來勢洶洶，我軍站在不敗的有利地勢，一一將其擊潰，並乘勝佔領丹山，直逼公路，控制着芒友和滇緬公路上敵軍一切可能的行動。

二十一日下午，孫立人將軍帶領着李鴻師長、葛南杉副師長、張炳言副參謀長，到了離苗斯約莫還有六七里路的一個小村中，那裏便是王團的指揮所。不久，史說參謀長、唐守治師長和龍國鈞參謀長跟着趕來，他們剛剛到村口，附近忽然咯咯的響起機關槍來，史龍兩參謀長才一下車，坐在他們後面的衞士便大叫一聲從車上摔了下來，其餘的人趕快的臥下，沒有受傷，發槍的地點，離停車處還不到一千步，王團長立刻派出部隊包抄過去。槍聲停止了，大家爬起來拍拍身上的灰塵，再回頭看看倒在地下的那個衞士，不知已在什麼時候死去了，大公報記者呂德潤君頑皮的向孫將軍說：「這回可算是新一軍遇險了！」大家都跟着一陣大笑，似乎忘記了剛才驚險的一幕。

二十二日，南坎河谷的沃野，浴在初春和煦的陽光中，山裏還有零星的砲聲，駐印軍和滇西遠征軍相約在苗斯舉行一個會師典禮，這算是芒友大會師前的一個預行演習。

一面收穫，一面耕耘，與苗斯會師同時，新一軍發動三路進擊芒友的猛烈攻勢，一路由丹山切斷芒友敵後公路，一路由正面公路南下，一路由西側山地側擊，三面總攻，一鼓而入，芒友就在二十七日被我軍全部佔領。

二十八日一大早，有人傳着說鷹揚劇團今天要在芒友演戲，政治部昨晚已經連夜把臺子搭起，有人又頗不以爲然，因爲這是戰地，左近就有激烈的戰鬥場面，不要說劇團不敢來演，就是演出來，也沒有人敢安閑的去看，這兩派爭論，很快的就被事實解開來。

約莫九點鐘的光景，穿黃卡其布的新一軍和穿灰棉衣的滇西遠征軍，分從不同的方向，向那個搭好臺子的廣場集中，穿灰布軍服的還在向去祖國的那條路口豎起一個白布橫額，大書「歡迎駐印新一軍凱旋回國」，大家這才明白今天是滇緬會師的日子。

會場是由新三十八師政治部和工兵營設計佈置的，正中搭起一座禮臺，臺是用有顏色的絲質降落傘張蓋起來的，臺前是一個紅色的V字，臺的正對面是兩根高豎的旗桿，右邊距臺不遠有一個小山，滇西國軍爲了攻佔這個山頭，曾有過一番壯烈的場面。黃色的行列是新一軍三十八師的一團，他們站在臺的左前方，灰色的行列是十一集團軍的一團，他們站在臺的右前方，從服裝的顏色上看出兩個戰區氣候的不同，然而今天是站在同時同地同樣氣候的廣場中了。

十二點鐘了，偶爾有幾片白雲從廣場的上空掠過，人們的緊張心情，驟然感覺到一陣涼爽，公路上揚起很大的塵土，一串吉普車羣，漸漸駛近，最先下車的是衞立煌、索爾登、孫立人三位將軍，接着是許多高級將領，陸軍大學將校班三十幾位「學生將軍」，也趕來觀禮。會場總指揮官李鴻將軍下了立正口令之後，全場肅靜得鴉鵲無聲，攝影的跑來跑去尋找鏡頭，新聞記者瞪着大眼在構思他那最動人的字句。

首先舉行升旗典禮，軍樂隊奏起中美兩國的國歌，星條旗隨伴着青天白日滿地紅鮮明的國旗隨風招展，人們的脖子跟着國旗上升儘量的往上翹，蔚藍色的天空，飄蕩着片片白雲，陽光顯得特別明麗，禮砲響聲在山谷中嘹亮的迴轉着。

衞立煌將軍致詞說：「今天的會師，是會師東京的先聲，我們要打到東京，在那裏會師，開慶祝會，」「滇緬戰場中美的合作是值得我們永遠記憶的，同盟國不但在戰時要合作，在戰後更要合作來共建世界的和平。」索爾登將軍高興得把嗓子提得特別的高：「今天是大家頂快樂的一天，也是中美合作過程中最重要的一天，我想蔣主席和羅斯福總統今天一定也是特別高興。」他讚揚中國軍隊的英勇，對孫立人將軍更是滿口稱道，他也預祝：「到東京會師去，讓這兩面國旗飄揚在東京的上空。」

散會前有一個呼口號的節目，臺下轟起巨大的響聲：

「打到東京去！」

「芒友會師是東京會師的先聲！」

「…………」

兩邊又各朝不同的方向走去，灰色的行列回國了，黃色的行列却沒有如那幅白布橫額上所寫的「凱旋回國」，爲了確保中印公路的安全，新一軍的健兒們又朝着臘戍的方向喊殺而去。

興奮中，不知是那位忽然提醒了大家：「今天是『一二八』啊！」「一二八」已經是十三週年了，人們又立刻回憶「一二八」事變時的情景，似乎是歷歷在目，許多表情不同的面孔，令人分辨不出誰是在怒，誰是在喜，誰是在恨，猛然間一輛載軍用物資的大卡車急駛過去，駕駛室門窗邊豎起「黑美」的大姆指，風送塵土吹下了「頂好」的聲音，大家不約而同的都吐出一口氣——現在該是算舊賬的時候了。

（註）一、芒友Mong Yu　二、閙陽Nawngyug　三、曼偉因Manwing　四、苗斯Muse　五、南拉 Namlun
六、腰班Yawphang　七、拉約Lula　八、曼康Mankang　九、丹山Tungseng　十、黑美：美國黑人

廿一　史迪威公路通車

中印公路從列多起，經密支那、八莫、保山到昆明，全程共長一五六六公里半，中間越過十三座六千六百呎以上的高峯，有許多急彎和百分之二十五到百分之三十的斜度，最高的地點，海拔九千二百尺。由列多經過胡康、孟拱兩河谷到密支那的一段，長四四五公里半，所經過的地區，幾乎全部是絕少人煙的原始山林，緊隨着戰鬥部隊之後，築路工程逐段進行，步兵剛把前面的敵人打走，工兵就馬上趕着動手，面臨一片莽莽林海，唯一可尋的人跡，只有步兵作戰時砍出來的幾條泥濘小道，在這段時期，築路工兵，除掉沒有戰鬥傷亡危險的顧慮外，其餘所受到的辛苦，也是一言難盡！最初擔任築路任務的，是駐印軍的工兵第十團，他們全憑人力，所用的工具，只有斧頭、圓鑿和十字鎬，所以進展很慢。後來美國的機械化工兵團帶來了開山機、平路機、打石機、排水機、起重機等現代化的築路機器，工作效率就大大的增加了。三十二年十月，新三十八師攻下野人山，美方特從美國把著名的陸軍工程專家皮可將軍調來主持中印公路的建築工程，由於前方步兵進展的迅速，皮可將軍決定採用二十四小時輪番工作制度，日夜不停，工程始終緊隨着步兵前進，雖然在雨季中胡康、孟拱兩河谷的洪水為災，把路基沖壞了，甚至於淹沒了，但經過幾次的改良和改道後，終於暢通無阻。

密支那以下，經八莫、南坎到畹町，一路都是舊有公路，工兵只須做一些加寬和塡平的工作。由畹町去昆明的一段，屬於舊滇緬路的範圍，在中印公路還沒有打通的時候，已在中國民伕的努力下加以改善了。

如果說駐印軍打勝仗是正義戰勝暴力，那末，中美工兵能把中印公路修通，即是人類戰勝自然，骨子裏都是眞理，而表面上却是奇蹟。我們看到坦克車打扮的開山機，前頭安置着兩丈來長五尺來寬的刮刀，推起幾千斤的泥土飛跑，擋在前面的山坡，只要不是石頭的，經牠幾個來回，就劈出一條甬道，直徑在一尺以下的樹，經牠一衝就倒，眞好像舊小說上說的移山倒海，和那些住在山頂上還過着有巢氏生活的山頭人對照起來，敎人不禁有隔世之感！

中印公路它的名稱很多，美國人因爲它是從列多起點，把它叫做列多公路，又因它是中美合力建造的，叫做華美路，又有人叫它做到東京路，有位幽默記者說：「這正如一個大人對於他所喜歡的孩子，不知叫它什麼才親熱！」中印公路打通之後，蔣主席爲着紀念創造這條路的史迪威將軍的功績，把它改稱爲「史迪威公路」，於是這條路才算有了定名。

芒友會師之後，「史迪威公路」暢通了，接着而來的就是通車盛典。

第一批由印度開往中國的汽車一共一百零五輛，其中有載重兩噸半的大卡車六十六輛，此外是一些武器拖曳車、吉普車和救護車，載運的物質包括汽油、軍火、拖曳的武器有重砲、野砲、山砲、平射砲。

車隊在一月十二日，就從列多出發，途中在密支那勾留一個星期，二十四日到達南坎，在南坎又停了三天，等着新一軍把芒友攻了下來。

車隊行駛經過新一軍戰地司令部時，孫立人將軍特別設宴洗塵，席上有中國和澳洲的食物、美國香煙、英國火柴、印度的酒，赴宴的人有運輸隊中的中美司機、軍官，和中、美、英、澳、印各國的戰地新聞記者，是一個富於國際性和歷史性的招待會。孫立人將軍眼看着這一批行將開入國門的車輛，在他親手指揮打開的史迪威公路上，一輛一輛的駛過去，臉上顯然流露出有抑制不住的興奮。他說：「反攻緬甸之戰，自從一九四三年十月二十四日由新一軍的新三十八師正式揭開，我們經過了種種不可克服的困難和障礙，憑着將士們勇敢無畏和吃苦耐勞的精神，終於順利的達成任務。而且作戰部隊所佔領的區域，很快的即由盟軍供應部隊完成了一切善後的工作，這中間作戰部隊和供應部隊完全是合作無間的。」他對美國陸軍醫務人員服務熱心和工作效率極力讚揚，他說：「新一軍有許多受過六次傷還繼續在戰場上作戰的弟兄，這應該歸功於醫務人員的努力。」說到這裏，他忽然轉過話題，聲調漸漸的沉重起來，他希望這條公路要好好去利用，否則便對不起那些來不及救治而死亡的萬千烈士。

車隊開到畹町，駕駛員都把藏在車箱裏面的中美國旗拿出來插在車頭上，顯示着前面將有一個盛大的場面。

通車典禮的禮臺，背後靠着一條小河，河上橫起一座木橋，兩頭都搭起彩牌樓，靠着畹町這邊的彩牌樓下，扯起了一條紅綵，旁邊寫着慶祝通車的聯語。宋副院長子文穿着一身深藍色的西裝，站在臺上講話，他說他是代表蔣主席來主持這個通車典禮的，並向全體爲這條路奮戰的將士致敬，「這幾年來中國處在四面被封鎖的情勢之下，……開羅會議，決定了修築這條中印公路……。」他不用翻譯員，說完了國語，再說一遍英語。來賓中講話的有索爾登將軍、皮可將軍、陳納德將軍、戴維斯將軍。索爾登將軍說：「今天是同盟國最高興的一天，是日本最不高興的一天。」皮可將軍說：「大家很難想像到我今天高興到什麼程度！」陳納德和戴維斯兩位飛將軍是難兄難弟，碰在一起，笑話更多，總而言之，他們都是高興極了。衞立煌將軍和孫立人將軍剛剛參加過會師典禮，又匆匆的趕來，只是都沒有講話。

慶祝會完了，接着就是剪綵，通車領先的第一部吉普車慢慢的爬過木橋，上面坐着皮可將軍，手裏提着一枝白色手杖，這是他的特別標誌。許多頂帽子在空中跳舞揮揚，一片歡聲雷動，響澈雲霄！

廿二　世界最長的油管

與史迪威公路同時進行的另一偉大工程，是中印油管的敷設，被封鎖後的中國，一切物資都異常的缺乏，飛機大砲汽車固然是寶貝，而使飛機能飛，大砲能動，汽車能開的油料，更是寶中之寶。在緬甸沒有淪陷以前，滇緬路上往來的車輛，大半都是運油，卡車從仰光載滿了汽油跑到昆明，再從昆明跑回仰光，牠本身就消耗了牠的運量一半，這種運法不但太不經濟，而且緩不濟急。滇緬路中斷以後，美國飛機跨過「駝峯」從「空中滇緬路」把汽油送到中國，更是消耗量大運輸量小，不能解決中國戰場的油荒，於是從印度架設一條油管通到中國，就和建築中印公路同時的列入中美軍事家和工程家的議程中了。

計畫決定，大批的油管和熟練的工人，陸續從新大陸運到加爾各答，中印油管立即開始施工，工程處又就地補充了七千多個印度的工兵和苦力，加速工程的進展。

油管的裝置，是一節一節聯結的，它是一種口徑四英寸大小的鋼管，每節長二十英尺，節與節之間，用鋼夾夾着，再用螺絲扭緊。中印油管所用的是輕便式的一種，可以很快的敷設起來，也可以很快的拆除運走，有許多自動開關的舌門和調節油量的裝置，據說這種輕便式的油管，還是最新的發明，這次大戰的產物。

油管從加爾各答起，通過布拉馬普得拉河谷，進入阿薩密省，這一帶地勢平坦，人烟稠密，所以敷設的速度很快，在駐印軍正式反攻緬甸戰事開始之前，油管已經修到列多。油管在加爾各答的起點是海平，到列多也不過海拔四百尺，再往前爬上野人山，就隨着史迪威公路盤旋於叢山峻嶺之間，忽而上昇，忽而下降，有時因爲公路曲折太大，又另從便道，採取直線，架過幾里路後，再與公路會合；有時因爲遷就地形，不得不深深的埋在地下，或是高高的架放木樁的上面。由於這些起伏地形所給與油管的激烈影響，油管工程處特在沿線各抽油站分段加以大小不同的壓力，使牠保持一定的流速，以免除上坡時流不動，下坡時流得太快，甚至有將油管壓破可能的危險。

史迪威公路逐段修通逐段使用，油管也是一樣的，自從油管修到列多以後，每天便把從加爾各答吸來的油，儘量的餵哺給活躍在緬北前線的飛機、卡車、吉普車和其他一切車輛。

爲求全部油管工程迅速起見，施行分段敷設，而且每段還是從兩端同時開工。油管工程人員，也是和築路的工兵一樣辛苦，他們緊隨着步兵之後，在那些人跡不到的地方工作着。油管不斷的從加爾各答用火車裝到列多，再從列多用卡車運到敷設的地點。中國境內的一段，也是同時開工，飛機從印度把油管一節節的裝運過去，交給軍委會戰時運輸管理局的油管工程處，由中美雙方的工程人員在兩千多中國工人效力之下敷設起來。

中印公路通車以後，中美軍事當局接着就宣佈了中印油管通油的消息。卡車從中印公路上不斷的把軍火運到中國去，增強中國國軍的裝備，油管源源的把油料流送到中國去，增強中國戰區的動力，推動戰局向勝利之途邁進了一個大步。

美國從豪斯頓經得克薩州境到東部工業地區的新澤西州，有一條大油管，長一千五百六十英里，是世界最長的油管，但比起一千八百五十英里的中印油管來，還短二百九十英里，如今中印油管雖已隨着戰事結束行將廢棄不用了，但在油管的歷史上，牠仍然是王者的地位。

（註）一、豪斯頓Houston美國南部重要商港　二、得克薩斯州Texas　三、新澤西州New Jersey

廿三　攻略新維

新三十八師主力會攻芒友時，孫立人將軍爲求迅速解決芒友區的五六師團，使敵對滇西緬北無路增援，早日決定緬北戰局；即以一一四團採用避實就虛的戰法，越過海拔六千尺的高山，向南巴卡突進，將至臘戍的芒友敵後公路截斷。又令新三十師加緊圍攻老龍山區核心陣地內的敵軍。一月二十八日，正當滇緬兩軍在芒友舉行會師典禮的時候，新三十師已將老龍山區殘敵全部肅清，同時向南巴卡截路的一一四團也一舉將路標八十二哩附近地區佔領，五六師團殘部整個被包圍在芒友以南及南巴卡以北一帶地區裏，拚命向南突圍。這時在新維以北的敵第二師團爲着解救「友軍」的圍困，向北發動猛烈攻擊，打算和五六師團南北夾攻，一鼓擊破我軍截路部隊。一一四團健兒兩面應戰，沉毅果敢，毫無懼色。二十九日，攻佔芒友的我軍南下追擊，新三十師的八九團也順着一一四團行進的舊路，向南巴卡進攻，兩下經過五日夜的激烈戰鬥，把被圍的五六師團殘部全部消滅，師團長松山佑三幾乎被我俘捉。第二師團第四聯隊也被一一四團殲滅殆盡，南巴卡便在二月八日，被我軍攻下。

南巴卡之役，連着芒友戰鬥一起計算，新一軍一共歷經大小二百餘戰，攻佔村落據點一百八十幾處，斃敵大隊長以下軍官四十五員，士兵一千二百名，奪獲大卡車二十輛，大砲十六門，輕重機關槍三十五挺，步槍六百三十枝，戰車二輛。

南巴卡佔領之後，新一軍繼起攻勢的目的地，就是新維。

新維是我國明代木邦宣慰司署址所在地，明末桂王奔緬，大將李定國、白文選，即屯兵在此，抵抗清兵。後來吳三桂率兵攻破新維，白文選投降，桂王被俘，李定國東走死於孟臘，了結大明一代社稷，使滿族得以統治中華二百六十八年，所以新維在我國歷史上是一個沉痛而值得紀念的重要地名。終清一代，新維對中國的朝貢，保持不衰。一八八二年，英人吞併緬甸，新維土司還派人到中國來告急求救，雖然沒有得到清廷的任何援助，而他自己依然堅持新維本是中國領土，不肯歸英，當時英國也曾答應讓他獨立，但是一個無依無靠的弱小土司，又怎能強硬到底呢？

新維在南杜河的北岸，是舊滇緬公路上的重鎮，東距滾弄五五英里，南距臘戍三十二英里，東北距畹町八五英里，西北距南坎一一〇英里。高黎貢山由北向南蜿蜒而下，都是在一脈六千尺以上的高峯，公路穿折其中，成爲一條狹長的隘路，再加以南皮河、南姆河、南開河和南杜河的支流橫貫交流，構成新維以北地區幾十處的險阻地帶。新維四圍高山聳立，是一個寬從半英里到四英里長約三十英里的狹長河谷，和南坎的形勢差不多。

複雜的地形，給與主攻的新三十師以極大的困難，幸而有的是轉戰萬里斬關奪寨的老戰士，他們個個經驗豐富，履險如夷，運用了攻擊南坎的成規戰法，如法炮製，先在二月十四日將新維外圍重要據點貴街攻佔，隨即乘勝沿公路及公路兩側猛烈突進。殘敵一面集中兵力在新維城區及附近山地加強防禦工事，一面用一部兵力，在貴街以南的隘口，憑藉山岳河川之險，分股扼守。十七日，我沿公路正面攻擊的部隊，在砲兵火力支持之下，對居高臨下的敵軍，施行五次仰攻，兩翼互相呼應隨同前進，進迫城區。十八、十九兩日，新維敵軍被迫作背城之戰，先後用兩個中隊的兵力，在砲火及戰車掩護下，對我兩翼攻城的部隊作有計畫的瘋狂猛撲，被我接連毀傷其戰車八輛，攻勢頓挫，軍心動搖，擔任正面攻擊的部隊，把握這個黃金機會，一鼓突破了敵軍主陣，二十日，趁着晨霧朦朧，衝入市區，又經過五小時的逐屋巷戰，便把新維完全佔領。

從南巴卡到新維，新三十師進展一百五十多里，攻佔曼拉馬、南倉、何西、康馬、孔上、雷拍、般尼、曼蘭奇特、何勞、南巴蘭、弄樹、曼山勒、桃笑、曼蘇庇奥、貴街、南約溫、威提、鬧庇、塘心、曼文、曼愛、拉塘、西烏、溫朗、洛敏、新維等大小村落據點一百四十幾處，斃敵七百五十人，擄獲戰車七輛，卡車三十輛，輕重機關槍二十六挺，步槍三百七十枝，各種大砲九門，裝具器材四百餘噸。

二十日當天下午，工兵還在清掃地雷，就有一大羣記者和政工人員在新維城裏搜訪戰鬥材料，他們找到了新三十師一位新來的龔祕書做嚮導。這位龔祕書三個月前還被日本人關在新維的集中營裏，同他關在一起的，有芒市的方土司、遮放的多土司和他們的家族一百多人。國軍收復南坎的時候，他們得到了消息，連夜從新維逃出，恰好路上碰到孫立人將軍派出來營救他們的部隊，把他們全部接到南坎，安置妥貼。在芒友會師的前幾天，孫立人將軍到芒市去開會，芒市土司家中正在鬧着繼任土司官的問題，他們都以為方土司早已不在人間了，當孫將軍把這個意外佳音說出時，他們都高興得流出眼淚來。後來，孫將軍又派人把幾位土司官，分別護送回籍，行前還臨別贈言，叮嚀囑咐要努力刷新政治，替國家幹一番事業，這幾位土司官們對於政府關心邊民的至意和國軍保國衞民的功勞，銘感不已，紛紛派送子弟從軍，到現在，新一軍中還有不少士兵，和滇邊土司官有骨肉之親，他們都誠心樂意來爲祖國出力効命。

龔祕書是南甸土司官的弟弟，在日本明治大學讀過書，在北平、青島、上海等地住過很久，說得一口北平官話。芒市失守時，他正在當芒市設治局局長，被俘後，和其他土司官一起在新維被軟禁了八個多月，他對新維地方情形相當熟悉。因爲他會說日本話，所以雖是被軟禁了，而他的房子裏還經常有善意來往的「日本朋友」。有一次，有一個大尉突然問他：「你看『皇軍』眞能夠得到最後勝利嗎？」龔見他的問話來得奇兀，不知道他的用意所在，連忙答道：「一定的。」這個大尉慌忙用目光在四週圍搜索一下，然後苦笑着說：「這是不可能的，我們已經是敗定了，不說別的，你們天天看到頭上飛過去的飛機，可有一架是日本的？前線上中國的新一軍來勢銳猛，新維我們眼看就守不住了。」他對於國內軍閥的輕擲國運，言下有不勝憤慨之意！

新維被砲火損壞的程度，雖然比密支那、八莫要好些，但也是滿目荒涼，有些柏油路面已是破損不堪，敗瓦頹垣和焦黑的木頭，到處都是，往日的土司宮殿，只剩下正中央一個高聳的座臺和四圍的牆壁了。這裏的土司官名叫多發，是一個漢擺夷，年老多病，不大問事，大權都在他的弟弟曼發手中，他的祖先在明代受封爲果敢後將軍，清朝也封過他家世襲木邦宣慰使司的職位，這兩顆印，一直保存在他的家裏。

（註）一、南巴卡 Namhpakka 二、南杜河 Namtu Hka 三、南皮河 Nampaw Hka 四、南姆河 Nammaw Hka 五、南開河 Nahkai Hka 六、貴街 Kutkai

廿四　奪取臘戍進窺緬中

從新維到臘戍，路程雖不過三十多英里，却仍是一串山地，公路正面，非常狹窄。攻擊部隊，依舊分開三路，沿公路和兩旁的山地推進。而這回攻擊部隊，步兵之外，還有戰車，聲勢更加浩大。

臘戍，有老臘戍和新臘戍，坐着「空中吉普」上朝下看，新臘戍是在山坡上，老臘戍在新臘戍東北的山脚下，火車站在老臘戍的正西，這三個據點的相互距離，大約都在五里左右，柏油馬路，從中連結起來，正好形成一個等邊三角形。新臘戍因爲位在海拔三千尺的高地，可以俯瞰老臘戍和火車站，所以成爲臘戍區的防禦重點。

先是，擁有重砲戰車的敵軍一六八聯隊和五六師團的搜索聯隊，在十天來的山隘高地爭奪戰中，已完全崩潰。三月五日，連戰皆捷的一一二團通過複雜困難的地形，到達南育河北岸，隔着河站在高地上，可以把飛機場、火車站、老臘戍和新臘戍的地形地物看得清清楚楚。孫立人將軍又親自坐着飛機先往敵陣上空偵視一回，接着李師長、陳團長也都在空中兜了幾個圈子，回來大家詳細討論，對於步砲戰車的協同攻擊，作一番周密的部署。

五日當晚，一一二團的曾、書兩營就悄悄的由左翼他旁地方偷渡過南育河，攻到老臘戍的附近，沿公路正面攻擊的部隊，也隨着強渡過河，分向河南岸的飛機場和火車站攻擊。從公路東西兩側進攻的部隊，這時便朝着臘戍作兩翼包抄行動，各路大軍，分進合擊，勢如驟風暴雨，不可抵擋，廿四小時之內，老臘戍、飛機場、火車站，統統都入於我軍掌握。殘敵紛紛退入新臘戍陣地內和守敵一四六聯隊合攏，重新和我軍展開新臘戍攻守的血戰。

七日早晨，軍部的戰車營趙營長，在南育河北岸帶領了三十幾部十四噸和三十噸的坦克，更冬更冬的從步兵的背後趕了上來，弟兄們都揚起手來表示歡迎，車上的戰士報以會心的微笑。那些大傢伙，兩邊的甲殼上，都在砲塔上用紅白漆料塗畫着些猙獰的面孔，用楷字大書「先鋒」「掃蕩」「突擊」和許多其他耀武揚威的名字。無線電的天線桿上懸掛着戰旗，簡直沒有把「皇軍」放在眼裏。

從老臘戍到新臘戍有兩條公路，東路由老臘戍一直南下，西路從老臘戍起經過火車站再到新臘戍。戰車先從東路闖了一陣，又從兩條公路中間的草叢地段掃蕩過去，再出西公路，向新臘戍直衝。這段沿東公路南下的步兵首先攻進了新臘戍，從西公路進攻的步兵，却被兩側高地隱着的一股敵兵糾纏不放，「突擊」號帶着幾個大傢伙爬到高地踱上了幾個來回，步兵很快就通過了。戰車大搖大擺如入無人之境的神氣，使敵人無可奈何，便調動大砲猛烈轟擊，才傷了兩個駕駛兵，我們的重砲，立刻吐出團團火燄，把敵人制壓得連頭都擡不起。由於步砲和戰車協同動作的美滿，戰車順利進展，晚上，一一二團逐碼前進，把新臘戍佔領一半。又經過徹夜的街巷肉搏戰鬥，敵軍傷亡殆盡，左翼的八八團和右翼的一一三團所進行的外線鉗形攻勢，也同時在新臘戍的背後取得了聯絡，到八日上午八時，一一二團便完全達成攻佔新臘戍的使命。

這一仗，我軍奪獲的戰利品，只是兵工器材一項，就有一萬多噸，其餘的殺傷和擄獲的記錄，計算起來，又是一筆應用多位數字的流水賬。如果我們只拿戰利品數字來估計，倒反減輕了這一戰役的價值。

臘戍攻佔之後，不僅是中印公路安全得到了保障，我軍直可以南下瓦城仰光，東走景東，直取泰越。此後英軍在中緬平原的迅速推進，以及促使中南半島上日軍的總崩潰，追根究底，中國駐印軍僅憑攻略臘戍的汗馬功勞，就應該列爲第一的。

（註）一、南育河Namyao Hka　二、他旁Tapan

廿五　從鐵路走廊南下的五十師

臘戍佔領之後，新三十師和新三十八師的戰鬥任務都已終止，現在要掉轉筆頭來回寫第五十師沿鐵路走廊作戰的經過：

發動緬北第二期攻勢，盟軍的攻擊計畫，原是兩路南下，左路便是新三十師和新三十八師攻擊的路線；右路從孟拱南出，取道和平，攻略瑞姑，向中緬甸推進。自從新六軍回國之後，五十師便單獨負起了這一路的任務。

與新三十八師從密支那出發進攻八莫同時，五十師也從孟拱出發開赴沿鐵路線上的和平、夢英、毛盧一帶擔任警戒。起初是奉命掩護英軍三十六師南下。三十三年年底，英軍順利的進入卡薩，五十師便解除了警戒的任務，轉向東南渡過伊洛瓦底江，在南坎西北的西宇附近集結，進行掃蕩伊洛瓦底江和瑞麗江所夾成的中間地區。萬好一役，是這一掃蕩戰中最激烈的一仗。這一帶的山勢和南坎是一脈相連，高而且峻，萬好便是在一個大山的頂上，據守這裏的敵軍是十八師團的一一四聯隊，和五六聯隊的一部。一定有人很奇怪：「日本究竟有幾個十八師團？」所以這裏必須說明一下：敵人對於一個有歷史有光榮戰績的部隊，一定是儘量去補充，甚至肯把一個建制的師團，整個用來補充一個傷亡殆盡的師團，十八師團便是這樣的被補充過十五次，表面上看它似乎是個不倒翁，實際上這個舊瓶裏完全裝的是新酒。攻擊萬好，是採取兩翼包抄的戰法，爲的是避免正面仰攻，減少犧牲。一五〇團健兒，在九次衝鋒肉搏之後，奪下了這個據點，班長黃樹慶組織的敢死隊，立下極大的功勞。

瑞麗江北岸敵軍肅清以後，部隊便渡江南下，一五〇團繼續攻佔茂羅、潘定，一四九團攻佔鬧支、班馬山、南泡、曼東，一四八團攻佔和興、羅叫道、曼沙勒，各部隊都曾寫下了一篇血汗的紀錄。

三十四年二月初，史迪威公路，已經正式通車，新卅師正由南坎南下進攻新維。潘裕昆將軍爲着新的任務，重新把兵力分配調整，一面確保佔領地區，一面積極準備南下攻擊南杜。

南杜在南杜河的南岸，和南面的西保，東南的臘戌，互爲犄角，都有公路暢通，戰前人口約十萬，爲世界著名銀鑛區之一，故成爲緬北的繁榮都市。華僑在這裏居住的有八千人，據說他們的祖先是在明成祖的時候搬來，著名的波特文鑛山，便是他們的祖先在那時候開發的。

二月十八日，進攻南杜的部隊，運用五十師全師的力量，另加上一個獨立步兵第一團作爲師的預備隊。潘師長根據各方所得的情報，知道當面的敵軍，除了從茂羅和鬧支撤退的第五六聯隊一千人外，又有新近調來的五六師團的一一三聯隊和山崎砲兵聯隊的第二大隊，分據南杜和南杜以西的波特文鑛山及以北的九沙關，鼎足呼應，力量相當雄厚，所以他作了一番詳細而週密的佈署。他以一四八團和一五〇團攻打正面和左右兩翼，以一四九團擔任敵後迂迴，預料着從正面被擊潰的敵軍，一定會鑽進到迂迴部隊的口袋裏，好作一網打盡之計。

十九日，左翼一四八團突破在南杜北面十八里的第一道防線，佔領芒因，二十一日晚，又把和南杜隔河相望的重要據點——般海攻下。右翼的一五〇團也同時攻下波特文鑛山，佔領了南圖火車站。二十二日，左右兩翼都在盛熾砲火和優勢空軍掩護之下，強渡瑞麗江。二十三日，我軍三路猛撲市區，殘敵人慌馬亂，紛紛向南杜以南的山林逃竄，爭奪南杜的任務就告達成。

從右後方向敵迂迴的一四九團，當晚得到正面佔領南杜的消息。本來南杜河這一段的流向，是自東而西，但流過南杜後，河道便折而向南，迂迴部隊必須渡到河的東岸，才能將南杜通西保和臘戍的公路截斷。首先渡河的，是張永齡營，他們趁着黑夜摸索過去，佔領兩個山頭，其餘的兩營，在第二天的黃昏時分，用聲東擊西的戰法，也渡了過去。

迂迴部隊在南大港截斷了敵人的後路，從南杜垮下來的五百多個敵軍便在南大港背後一座四千尺的山上被堵住，正面一五〇團的部隊，也適時追到那一邊的山脚下面，兩下夾攻了一天一夜，砲兵把砲彈一個接一個的爆裂在山頭上敵人陣地裏。二十七日，迂迴部隊和正面的追擊部隊在山頭上會師，從死屍堆中看不出敵人有漏網的痕跡，於是，從南杜到西保的公路上十五英里內，便沒有敵軍的縱影了。

南杜市區的建築物，很多還沒有破壞，在受過砲火洗禮的緬北幾個較大的都市中，南杜比較要算是最完整的一個。倒是對岸的般海和依漢破壞的程度要大得多，尤其是依漢，火車站附近的房屋，無不東倒西歪，散亂的鐵皮堆滿一地，路旁丟着一些生銹的機器，這是因爲我軍動作神速的原故，使敵人來不及在南杜從容佈置一場毀滅性的決鬥，便垮了下去。南杜也是一座山城，依山帶水，上下坡路很多，有些像重慶，山傍也鑿有很深的防空洞。

從南杜沿公路南下西保，西去臘戍，都是四十多英里的路程，曼三便是公路的中心點，去臘戍或西保都在曼三分路。南杜到西保路上，除了曼三，大德也是一個重要的地方，南杜河和南西公路在這裏會合。曼三以南，大德以北，這一段南西公路的中腰，是四千尺左右的巒崗旋迴起伏地帶，沿途有幾個山隘，有一夫當關萬人莫敵的險要。南杜河雖是順着公路平行南流，但兩岸懸岩峭壁，根本不能利用，所以在這一帶用兵非常吃力。大德以南的地勢便漸漸往下低，一直到西保盆地，都是一路斜坡，部隊到達這裏，再去攻西保，那可以說是勝利在握了。

三月八日，新三十八師攻佔了臘戍。五十師同時從南杜南下進攻西保，這回攻擊的部署，以一四八團爲中央隊，以一四九團爲左翼隊，以獨立步兵一團爲右翼隊，以一五〇團爲預備隊。

中央隊和右翼隊都受到了地勢的限制和敵人的頑強抵抗，因而進展遲緩，左翼隊却從空隙中開路迂迴，在大德東面偸渡過南杜河，只花費六天的時光，便到了西保的外圍。

三月十六日一早，一四九團衝進了西保市區，敵軍利用戰車衝突一陣，却都被我們的火箭砲一一的擊毀。這時候，中央隊正在大德和敵軍爭奪渡河，等到西保被佔的消息傳出之後，正面敵軍陣地整個動搖，一四八團便順利的渡過了河，直取西保西北高地。獨立步兵第一團也迅速南下攻擊西保西南的包脚。十八日，我軍分別掃蕩西保四郊的殘敵，把大德到西保間的敵軍完全肅清，在郊外的叢草中，搜出敵軍戰車七輛，還有兩輛完好無恙！

二十三日，一四九團繼續攻佔南巴公路交叉點，和新三十八師的一一三團會合，從此我軍完全控制了西保到臘戍間的公路交通。

五六師團經過南杜、西保兩戰役後，肢離體解，退到西保南面的南燕附近地區集結收容，以一四六聯隊的殘餘四百多人爲主方佔領陣地，擔任收容和掩護師團主力的集結。一四八團乘着敵軍立足未穩，疾力南馳，殘敵聞風逃遁，我軍又在二十九日順利進佔南燕。

西保以西地區，原爲英軍第三十六師作戰範圍，因爲五十師進展迅速，英軍便脫離緬北戰場，獨立步兵第一團奉命繼續向西擴張戰果，於三十日攻佔喬美。

五十師於卅三年十二月下旬，開到緬北鐵路走廊擔任警戒，年底便渡過伊洛瓦底江，和新三十八、新三十兩師健兒平行作戰。一月十四日，攻佔萬好，二月初渡過瑞麗江，進佔茂羅、鬧支，接着翻越大山，攻取南杜，三月一日連下南山、西保、南巴、南燕各重要據點。三十日喬美一役，結束了緬北最後一場戰鬥。僅半年光景，進展三百五十多英里，斃傷敵軍三千五百餘人。

（註）一、和平Hopin　二、夢英Mohnyin－譯作摩寧　三、毛盧Mawlu　四、西宇 Siyu　五、萬好Mwanhawm　六、茂羅 Molo　七、潘定Pandin　八、鬧支Nauchye　九、班馬山 Pangmasan　十、南泡 Mampaw　十一、曼東 Manton　十二、和興 Hohseing　十三、羅叫通 Loikyaktaw　十四、曼沙勒 Mansawla　十五、南杜Namtu－譯作南圖或南都　十六、波特文鑛山 Pawdwin Mines　十七、九沙Kyusa　十八、芒因 Monghseng　十九、般海 Panghai　二十、南大港Namtagun南杜至西保公路上的一個村落　二一、曼三Mansan　二二、大德 Tate　二三、包脚Bawgyo　二四、南巴 Naphai　二五、南燕 Namyeng　二六、南山 Namsan　二七、喬美Kyaukme

廿六 總結一筆

「緬甸蕩寇志」寫到這裏，戰鬥是已經告了結束。下面幾章，筆者打算寫一點橫剖面的東西。這裏，且先結一筆總賬。

這本小册子，開頭是從第一次緬戰新三十八師入緬寫起，現在結算也還是從那時候開始。三十一年四月五日，由雲南安寧用汽車運送入緬增援的新三十八師到達臘戍，九月進駐曼德勒，孫立人將軍奉令擔任曼德勒衞戍司令。十七日因英軍第一師在仁安羌油田區被圍，新三十八師奉命以兩團兵力馳往援救。十九日，一一三團大破日軍第三十三師團於仁安羌，擊斃敵一千二百餘人，克復油田，拯救被圍英軍七千餘人及美傳敎士和新聞記者出險。英王特授孫立人將軍以C・B・E・勛章。

仁安羌大捷之後，敵軍銳氣大挫，盟軍本可乘機反攻，規復失地，但當時因爲盟邦英國沒有在緬甸長期作戰的準備，不得不將前軍改爲後軍，整個撤退。四月二十八日，新三十八師全部渡過伊洛瓦底江，擔負起掩護入緬國軍及所有在緬盟軍撤退的任務。在掩護撤退途中，先後在色格、溫早、卡薩、旁濱，大戰十餘次，歷盡險阻艱辛，達成光榮任務。

五月二十七日，新三十八師的主力由緬甸轉入印度的英法爾。七月十五日，又開到比哈爾省的藍伽，產生了中國駐印軍。原來取道返國的新二十二師，因爲敵軍搶先佔領了密支那的關係，也轉向印度，在新三十八師進入印度後兩個多月到達列多，旋亦集中藍伽。八月，中國駐印軍正式設立總指揮部，史迪威將軍受命爲總指揮。三十二年春，新三十八師和新二十二師共編成一個軍，直轄於總指揮部。後來又陸續成立新三十師和幾個砲兵團、工兵團、汽車兵團、戰車營、騾馬和人力運輸部隊等。五十師和十四師是等到反攻緬甸開始，才由國內空運過去的。

新一軍在藍伽臥薪嘗膽的整訓了半年，又開始擔負起反攻緬甸的任務，新三十八師的一一四和一一二兩個團，最先奉到出發的命令，從藍伽開赴列多，進往中印緬未定界，負責掩護中美工兵修築中印公路。他們一出馬，便解救了被日兵追到阿薩密邊境的英軍，把盤踞在野人山上的第十八師團打退到胡康河谷。

三十二年冬天，新三十八師的健兒殺下了野人山，除夕的前夜，他們奪取了于邦。三十三年二月一日，攻下太柏家，囊括胡康河谷的河川天險。這時新二十二師，也加入了戰鬥，他們取得了大洛和腰班卡，挾着戰車部隊直叩孟關，新三十八師便從左翼進行一百八十里的敵後大迂迴，攻到孟關背後。瓦魯班一役，結束了胡康河谷的戰鬥，部隊隨即進入了孟拱河谷。孟拱河谷地形狹隘，兵力不容易展開，所以四五兩個月間，我軍進展稍嫌遲緩，但是到了五月下旬，戰事便有了飛躍的進展。新三十八師的一一二團在雨季中江水陡漲的時候，一舉偸渡過南高江，截斷加邁敵後交通，奪獲敵人在孟拱河谷所有的補給倉庫，這就是有名的西通之役。敵軍曾以三個聯隊的兵力，向該團南北西三面圍攻，我軍屹不爲動，使整個孟拱區敵軍驚惶失措，不擊自潰，我軍便順利的北取加邁，南佔孟拱，前者是六月十六日，後者是六月二十五日的事，前後不到十天，連克兩個重鎭，孟拱河谷的戰爭，遂告勝利結束。

與孟拱河谷戰事同時進行的密支那攻城戰，自五月十七日起，我軍第五十師、新三十師及十四師的一部，與美軍一團組成的中美混合支隊，開始攻略市區，敵軍施行「自殺防禦」，以致街市戰延長達八十多天。八月四日，戰鬥結束，新一軍對緬北的第一期攻勢，到此暫時停頓。

在攻勢暫停的兩個月中，新一軍分編成新一軍和新六軍兩個軍。

十月初旬，緬北雨季終止。新六軍從加邁出發，佔領瑞姑之後，便奉調回國，新一軍繼續發動第二期攻勢。十一月十七日，新三十八師攻到八莫，敵軍據險死守，再以「自殺防禦」戰術阻止我軍。十二月十五日，我軍攻佔八莫，乘勝南下，新三十師於挺進途中，在南坎外圍的卡的克和敵軍新自朝鮮調來的第四九師團主力遭遇，激戰五日，敵軍用馬蹄形的密集隊形往返衝突，我軍憑着火力、白刄，旺盛的士氣和優越的指揮，使兩個聯隊的敵軍大半葬身山谷，往後，敵軍的戰鬥力，便江河日下了。

三十四年一月十五日，新三十師攻佔南坎，二十八日新三十八師到達滇緬路和中印路的交叉點的芒友，與滇西國軍舉行會師典禮。

攻佔芒友之後，史迪威公路全程暢通無阻，但爲擴大戰果和確保國際通路的安全，新一軍健兒，仍繼續南下。二月二十日，新三十師攻佔新維。三月八日，新三十八師攻佔臘戍。同時在新一軍主力右翼的五十師，和新三十八、新三十兩師作了平行的進展，這支勁旅，在一月十四日攻佔萬好，接着渡江進取茂羅，翻山攻下南杜，連克南山、西保、南巴、南燕各要點。三月三十日，最後一仗，取得了喬美，結束了國軍遠征的戰鬥。

緬甸之戰，就筆者隨着新三十八師於三十一年四月入緬起，到三十四年四月三月底止，整整三年。如果只就反攻之戰來說，連頭帶尾，不過只是兩個年頭，拿起抗戰八年來比較，時間並不算長，但是這兩年中，戰士們從來沒有好好的休息過，天天在那些沒有人跡的叢莽裏，拿森林當作營房，馳騁於荆棘泥水之中，時而爬上突入青天的高峯，時而踏入深不見底的溝壑，從際遇的艱苦，因而倍覺歲月的悠長！

前後兩期攻勢作戰，和我軍對壘的敵軍有第二、第十八、第四十九、第五十三和五十六等五個師團，及第三十四獨立旅團和其他特種兵部隊。我軍擊斃敵軍三萬三千零八十二人，其中包括三個聯隊長和其他高級軍官，傷其七萬五千四百九十九員名，俘虜田代一大尉以下官兵三百二十三人，敵人幾乎等於是全軍覆沒，我軍和敵軍傷亡的比例，是一比六。擄獲的戰利品有：步槍七千九百三十八枝，輕重機關槍六百四十三挺，大砲一百八十六門，汽車五百五十二輛，火車、機車及車廂四百五十三節，坦克車六十七輛，飛機五架，倉庫一百零八所，金屬器材二萬餘噸。佔領公路六百四十六英里。（史迪威公路列多到芒友四六五英里，舊滇緬路芒友到臘戍一一四英里，緬甸國道臘戍到喬美六七英里）（其他支線及非國際性質的公路不計算在內），超過由重慶經貴陽到金城江的西南公路。佔領鐵路一百六十一英里，約等於京滬鐵路。解放敵佔領區在五萬平方英里以上，比日本各島面積的總和略小，比義大利全國的面積略大。

廿七　勝利的檢討

中國駐印軍在東印度的邊境開始發動對緬境攻勢的時候，兵力既少，天時地形都壞，全世界的人誰都沒有料想到這樣一點星星之火，可以燎原，及到一鳴驚人之後，大家才集中眼光，轉向這個多雨而無人烟的角落裏。有一個時期，緬北戰場上集中過八十幾位新聞記者，他們把近乎傳奇的戰鬥故事在各國的報紙上刊載出來，好像雨點比銀元還大，一個中國兵盤腸大戰殺死了十個日本兵等一類消息，使盟邦和國內人士驚喜交集。也眞虧得駐印軍英勇的健兒們，他們果然不負衆望，苦撐惡鬥，畢竟把一個偉大而艱鉅的任務圓滿達成了。這絕不能倖致，更不是偶然，光榮的勝利，是血和汗的結晶，是智力與精神的積集，現在我願把國軍在緬北致勝的因素，分題檢討一下：

一、士氣旺盛　中國一般農民知識雖然落後，但對侵略中國的「日本鬼子」，却是家喻戶曉，同仇敵愾。「日本鬼子是我們的仇人」，更爲每一個士兵所能了解，特別是駐印軍。他們第一次在緬甸作戰損失了多少伙伴，這些伙伴的白骨猶在，碧血未乾，同時自身又是寄身異域，有家歸未得。這許多新仇舊恨，使大家都帶着悲壯的心情去作戰，當然是愈戰愈勇。同時政工人員也確能把握住時機不遺餘力的去推進激礪士氣的工作：文字的有月刊、週刊、日報、壁報；口頭的有精神講話、政治報告、演劇、講述忠勇事蹟等等。暮鼓晨鐘，明恥教戰，使官兵都立定殺敵報國爲唯一職志。這種旺盛的士氣在戰場上表現得最爲動人。新三十八師一一二團攻擊于邦時，一個輕機槍射手陣亡了，預備槍兵周國成便當了射手，不久，右膀也中了一彈，他又換用左手射擊，掩護其他弟兄轉移攻擊。當他達成了任務走回原陣地時，因爲流血過多，便昏厥跌倒了。擔架兵把他擡到醫院裏去開刀，當晚他的神志昏迷，在床上爬着作匍匐前進的動作，左手還不斷作扣板機的姿勢。像這樣例子多得很，一般說來，輕傷的都不願離開火線，重傷的在醫院裏也絕無悲呼哀號的現象，大半不待傷癒，便請求醫官准其歸隊，甚且有不得醫官准許，而自行歸隊重上前線的。這種精神情緒，常使美方醫務人員大爲感動。在第一期作戰的十個月中，有已負傷過六次，而仍在前線作戰的十八人，其餘負傷三五次或一二次的，更是不計其數了。敵人對於我軍士氣的旺盛無法對付，只有在仰光廣播電臺厚着臉皮說：「重慶軍思家心切，其鋒甚銳！」這種聊自解嘲的話，恐怕連說話人自己，也是哭笑不得的。

二、牢不可拔的三信心　關於這一點，筆者在寫血戰大龍河的一章裏，曾經詳細的述說過。本章是總檢討，所以還得簡略的敍述一下。由於長官信任部下，所以才敢把艱鉅的任務交給部下，而信任其必能圓滿達成。在緬北各次的迂迴戰，許多營連長單獨遂行任務於數百哩之外，像在軍師長掌握中一樣。由於部下信仰長官，所以對長官交下來的任務樂而不疑，赴湯蹈火，絕無反顧，而自信必能達成任務。筆者曾經舉過李家寨的故事，那也是于邦之役，李克己營長帶了一個加強連，被五倍以上的敵人圍攻了三十六天，連水都沒有得喝，敵人是日夜猛攻，援兵遲遲不至，前途一片黑暗，但他有理由相信他的部下一定能信仰他，絕不致中途氣餒，他相信他的長官一定會在他的苦守期中，把他們援救出來，同時，他更相信他自己一定能夠死守下去，不達成任務不止。後來救兵到了，把包圍他們的敵人反包圍起來，敵我步兵線的距離不過二十五尺，山砲所吐出的砲彈，如果延伸一點，就要打傷李家寨的弟兄，落後一點，又要傷及增援的部隊。砲彈在步兵的左右前後爆炸，眼看敵人的血肉濺飛，弟兄們似乎若無其事的照樣攻擊前進，他們相信自己的砲彈，一定不會打傷自己人。這一段英勇故事裏面，把三信心和互信心都充分的發揚出來，這樣脈絡一貫，萬衆一心，大家都循着一定的方針，取一致的行動，所以便成爲戰無不勝攻無不克的勁旅。

三、訓練有素射擊精確　新一軍對於訓練十分嚴格，尤其是射擊教練，部隊不用說，就是軍用文官雇員乃至於伙伕，都必要能做到一個戰鬥列兵的動作。平劇團裏有一位扮演花旦的林貴蔭君，他剛從重慶歌劇學校來到司令部，就被編入官佐訓練隊，兩個星期之後，在步槍射擊的第一次演習中，居然也能打中三十四環，其他當然更沒有任何人能夠逃避這種訓練了。關於森林及特種地形戰術的訓練，像開路、爬高、攀樹、游泳、操舟、架橋以及埋伏、搜索、襲擊等動作，從藍伽整訓起，就開始苦練，眞是「平時多流汗，戰時少流血」，憑着這樣練成的本領，在戰場上也不知要佔到多少便宜。森林中沒有路，步兵自己會開，沒有橋，步兵自己會架，水大了，架不成橋，大家全副武裝游泳過去。通信兵，狙擊射手爬高樹和猴子一樣的矯捷，使受過森林戰術特殊訓練的敵十八師團，自嘆不如。東條在慶祝「緬甸獨立」的日子，向緬甸人嚷破了嗓子說：「緬甸的國防，日本皇軍自能負起全責，惟目下集中東印度阿薩密的中國駐印軍，是一個極有訓練的勁敵，吾人應以重兵視之」。他在東京廣播電臺發出這個呼籲，正是新三十八師向胡廣河谷進軍的時候，因爲他們的利害，敵軍已在仁安羌領過教了。

四、指揮卓越戰術高超　這裏我只舉一個例子，當孟拱河谷敵軍憑藉着馬拉關一線狹窄地形，阻止我軍正面南下時，史迪威將軍眼看着密支那久攻不下，孟拱河谷又是膠着不前，雨季馬上要到，心裏非常着急。孫立人將軍便匆匆的從前線坐着小聯絡機趕回到沙都渣，提供一個「攻取加邁，襲取孟拱」的計畫，他說：「我們要把孟拱和加邁同時拿下來，作爲對敵人同時攻陷桂林和柳州的答覆。」史迪威將軍非常滿意，立刻照辦。於是一一二團輕裝裏糧，從星羅棋佈的敵人據點羣中繞了過去，偷渡南高江，把加邁和孟拱敵軍聯絡斬爲兩段，全孟拱河谷的敵軍，登時大亂起來。一一三團便乘機從支遵渡河，把加邁攻了下來，和正面的新二十二師會合。一一四團再用錐形突進的戰法，直搗孟拱。連頭帶尾，只是一個星期，我軍連克這兩個大鎭，並且把密支那的敵人孤立起來，使攻勢急轉直下。這種膽大心細的迂迴戰術，大大的縮短了作戰時間，減少了不必要的傷亡，而指揮官的料敵如神，更使敵人驚疑不定。一一二團迂迴到西通時，敵人竟以爲我軍傘兵從天降落，亂敲警報鐘。一一四團攻到孟拱城邊，敵人還以爲中國軍隊尚在加邁。我們簡直是把敵人玩弄於股掌之中，所以能夠出奇制勝。看過岳傳的人，對於岳飛以八千人大破金兵十萬的奇蹟，總是衷心佩服，這就是岳元帥戰略戰術眼光超人之處，在緬北我軍也經常表演出類似的故事。

五、戰鬥力保持得法　保持戰鬥力，是進行長期不斷戰鬥的要訣。駐印軍長征異域，兵員補充極不容易，如果一旦死傷太大，損虧了元氣，便將無法再繼續戰鬥下去，所以指揮官對於這一點特別顧慮得周到，從減少傷亡到士兵的飲食起居，一絲一毫都不忽略，因此戰鬥力不但不減，反而日有增加。下面舉出幾個保持戰鬥力要點：第一，從戰略戰術上以智謀取勝。孫子主張：屈人之兵而非戰，拔人之城而非攻，兵貴速勝，全軍為上。所以說：「百戰百勝，非善之善者也，不戰而屈人之兵，善之善者也。」這幾句話的意思是要以最小的犧牲，換最大的代價，保全自身的戰鬥力，以取得勝利。怎樣來達到這種目的？那就完全要靠指揮官的智謀，和戰略戰術的運用。上面一段所舉「攻入加邁襲取孟拱」就是這一點的最妙說明。一一二團在加邁孟拱公路截路的地點，正是敵軍孟拱河谷糧彈總屯集所，敵軍得不到糧彈的接濟，自然不打自亂，這正合乎不戰而屈人之兵的原則，這是駐印軍保持戰鬥力的第一個方法。第二，集中運用火力。在決定攻擊某一點時，集中運用各種輕重火器，緊密協調，發揮最大的威力，加速殲滅敵人。或者是採用攻心戰術，先用火力摧毀敵人的戰鬥意志，增加我軍攻擊的銳氣，以減少戰鬥的傷亡。第三，救護工作迅速醫療設備完善。在戰鬥進行期中，直接保持戰鬥力的方法，即在使負傷官兵早日恢復健康，重返前線，這在駐印軍中，完全教人滿意。沿公路作戰的部隊，負傷官兵直接由團裏傷速用救護車運送到附近的野戰醫院，如果是重傷的便可要求空軍派飛機直接空運到後方醫院，在「救護傷兵第一」的原則下，飛機是隨要隨有，任何人都不敢躭誤。在不通汽車的山地區域，輕傷的由配屬在團裏的手術組就地治療，重傷的用每次只能載運一二人的救護機飛運到後方醫院。這些醫院裏的美國醫官，大都是美國各公私立醫院裏的有名的醫生，技術極好，服務也極端熱心，藥品又十分齊全，所以傷病官兵好得非常的快，普通輕傷的，在半個月內，便可出院，重傷的，大半也都能在短期內治好。在八莫作戰受傷的官兵，到攻擊南坎時，已有二分之一重上前線。這樣一面有傷兵下來，一面有傷癒的歸隊，間接可以鼓舞士氣，直接使戰鬥力始終可以保持着一個常數。第四、注意衞生。根據美軍的統計，在太平洋上各島嶼，特別是熱帶森林地區作戰中，如果在戰鬥不十分激烈的時候，病死的一定比陣亡的數目字大，至於因病而消失戰鬥力的，比負傷而消失戰鬥力的，更不知要多上幾倍。駐印軍作戰經過的地帶，是世界最多雨和瘧疾最盛行的地方，雨季中，官兵們日間伏在積滿泥水的戰壕中作戰，夜晚依然是要在泥水裏睡覺，還要受蚊子和螞蝗的吮擾，但是害病的人却很少，死的更少，這原因便是因爲各級官兵都知道講究衞生，注意健康。拿防瘧運動來做例子，規定每人每天吞一粒奎寧丸，在每晚集合點名時，由值星官監視吞下去。沒有戰鬥任務的部隊，在蚊子最多期間，由下午六點鐘到第二天上午六點鐘，規定必須睡眠，睡不着，你也得呆在帳子裏。有必要勤務的人，可以把燈燃在帳子裏面辦公。衞兵一定要帶防蚊面罩，露出來的手，還要塗擦防蚊油。有了這樣澈底預防的辦法，害瘧疾的人，自然就少了。第五，隨時訓練隨時補充。上面四種保持戰鬥力的方法，都是消極的減少傷亡。但是作戰部隊，傷亡總是不可避免的，所以除了儘量設法減少傷亡之外，還要積極去補充，所謂補充，不是只求量，最重要的還是要求質，丟了半斤鐵，補上八兩土，重量雖是一樣，力量就差多了，損失了一個有經驗的戰鬥列兵，補充一個「老百姓」，那有多大用處？因此，不斷作戰的部隊，便要隨時隨地抓住機會去訓練。筆者看到新一軍雖然是不斷有新兵補充到作戰的部隊裏面，但那些新兵動作熟練，比起老兵來並沒有多大的差別，原因就是在不放鬆訓練的機會，從國內空運新兵分發到部隊之後，立刻成立新兵訓練營，加緊訓練，完成一切基本戰鬥技能，等到發生傷亡，便能隨時補充。在前方作戰的部隊，輪到擔任預備隊或警戒勤務時，也要抽出訓練的工夫來，那怕是十天半月，甚至於三天五天，都不絲毫放鬆。這樣把訓練和作戰併在一起實施，效果極大，戰鬥力自能有增無減。

六、空軍砲兵活躍補給完善　在緬北戰場上，盟方的空軍和我軍砲兵對敵佔絕對優勢，情形正和國內戰場相反。整個的天空，只見我們的運輸機、聯絡機、戰鬥機、轟炸機的穿梭來往，上下翻飛，緊握着制空權，特別是解決了勢非解決不可的空中補給問題。原來緬北多雨，公路時常埋在水裏，主要的糧彈補給，大半靠着飛機從空中投擲，迂迴部隊在森林中開路，爬山涉水，繞到敵人後方截路、包圍，更要靠空中補給。我軍作戰的進展，沒有受到山岳叢林和雨的限制，空中補給，是主要因素之一，雖然其中也有好多次因爲糧彈補給，未能按照部隊所需要的時間和數量空投，曾使我軍陷入彈盡糧絕的危險局面，但全部作戰期間，補給問題，總算是使人滿意了。

七、獲得民心　日本人在緬甸的宣傳和特務工作，曾經費過很大的苦心，三十年前，他們就開始派出大批軍官，改扮和尚，分送到各地廟宇，掛着拜佛求經的幌子，利用緬甸人尊重佛教的心理，去做諜報工作和特務活動，後來怕被英國人看出破綻，有些便索興改入緬籍，裝作緬甸人。敵人這種陰謀，在三十一年第一次緬戰中，起了極大的作用，中國軍隊到處被當地民衆仇視，吃了很大的虧。及至緬甸入了敵人掌握之後，日人便揭開了一向假仁義假慈悲的面具，露出了原有的猙獰面目來，他們那種強取豪奪固有的侵略手法，使緬甸人大失所望，不久，反日運動，便在緬甸全境風起雲湧的展開來。所以在第二次反攻緬甸戰役當中，我軍到處都受到民衆的歡迎和眞誠的合作，加以我軍紀律嚴明，秋毫無犯，更敎緬人喜出望外。在高山上、在叢林裏，經常可以看見許多喀欽人和擺夷人幫助我軍運輸糧彈、擡送傷兵、刺探敵情、引導路徑。孟拱戰役，潰散在山林中的敵軍有好幾千人，當地民衆們想了許多方法，勾引他們離開隊伍，然後把他們捉住，捆送到附近我軍營地，帶回去一些降落傘作爲酬勞，這樣的漸漸成了一種交易，起初是一個降落傘換兩個俘虜，後來降落傘少了，便可以多換幾個，最後降落傘沒有了，他們還是照樣的把俘虜送來，不求報酬。路遠的，不方便送人，便把耳朵割下送來，作爲殺敵的憑據。成隊的敵人，他們不敢下手，便送信給我軍，派人引導我往前軍兜勦，這些失去了民衆的暴敵，怎能夠不失敗呢？

上面所列的七點，都是緬北我軍勝利內在的因素，其他外在的原因，像敵軍士氣低落、戰術失敗等等，如果一一的舉出來，實在太多。我們的優點，就是敵軍的缺點，這裏可以舉一反三了。

廿八 可供軍事參考的經驗和教訓

緬北叢林戰，在中國戰史上還是新的一頁。筆者因職務之便，經常得和當時實地指揮作戰的將領以及中下級指揮官接談，有時還可以參加戰役檢討會議，拿這些談話資料和會議紀錄與在戰地耳聞目睹的實況參證一下，覺得有許多寶貴的經驗和教訓，應該把它公開，作爲軍事上的參考。這一章便是由筆記簿裏的片斷紀錄摘抄整理而成的。

一、熱帶叢林戰的特性　熱帶或亞熱帶的叢林，多分佈於山岳重疊河流縱橫地形極爲複雜的地區，能使一切機械化武器無法施展，從飛機上俯瞰，也只見一片林海，浩瀚迷茫，極端感到無用武之地。防者便可利用地形的掩護，用少數兵力，扼守要道，阻塞交通，使攻者無法知道他的兵力區分和配備狀態，多設埋伏狙擊，製造恐怖，使攻者不敢輕舉妄動。又因砍取樹木方便，可以在短期間內，構築成極牢固的工事，編成堅強據點式的陣地，持久防禦。萬一戰況不利，又可以後退一段，步步設防，節節抵抗，使攻者不能不逐次攻略，耗費時間。相反的，叢林對於攻者，却是害多利少，好的方面固然可以利用地形地物的掩護接近敵陣，施行近距離的包圍，但是，搜索、觀測、連絡、救護，以及步砲空軍的協同，都很困難，致令步兵運動，常常會迷錯方向失却聯絡。所以在攻擊之前，必須訓練官兵使用指北針及判讀地圖和聯絡方法，詳細劃分各團營的搜索地界，以免混亂誤會，多多派出斥候組和襲擊組，攜帶乾糧，潛入敵人的側方和後方，不分晝夜作遠距離和廣正面的搜索、襲擊、偵察敵情、地形，以供作戰指揮上的參考，並不時擾亂敵人，分散它的注意力，以至於不能判明我軍的企圖和行動。在緬北初期作戰中，敵軍斥候常常穿用我軍戰死士兵的服裝，偷進我軍作戰地區，狙襲擾亂，所以攻防雙方，都必須隨時規定官兵服裝穿着的方式，和槍聲暗號的使用，嚴防敵人混水摸魚。

二、叢林戰必有的訓練和裝備　叢林中的天時、地形、生物，都和一般地區不同，作戰的部隊，一定要有特殊的訓練，能夠適應特殊的天時，利用特殊的地形，克服一切特殊的困難才行。叢林中多山，要訓練爬山的本領，多水，要人人能夠游泳，多樹，要個個學會攀緣，其他像埋伏、搜索和逢山開路、遇水搭橋的技能，也都得熟練。又因大部隊在樹林中不易運動，班排就是獨立的作戰單位，下級幹部膽量和獨斷的戰術修養，以及士兵單獨作戰的精神，平時必須切實去訓練養成，狙擊射手更要能練出百發百中的工夫。裝備方面，就各個裝備來說：第一、熱帶叢林大都是多雨和瘧疾盛行的區域，雨衣和蚊帳是必不可少的東西，不過山林裏很難找到避雨的地方可以掛起蚊帳來睡覺，而且戰事緊迫，也不允許有從容設備的時間，這點，筆者很贊成美軍用的吊床，底和頂都是膠布，中間用很輕的紗布做成有拉鏈開關的帳子，兩頭以繩索拴在樹上，無論是大雨傾盆，或者是山洪暴發，照樣可以睡舒服覺，掛收容易，攜帶輕便。第二、叢林裏遍地荆棘，穿布鞋或草鞋容易傷腳，還不時要被螞蝗鑽上身去。雨季，整天在泥水裏走路，腳在水裏泡得時間多了，便會腫潰，所以不透水的皮鞋，同是必不可少的東西。第三、叢林茂密的地方，沒有途徑，不見陽光，最容易迷失方向，班長以上必須要有指北針。第四、在叢林地區作戰，也等於探險，把無人跡的地方帶來人跡，少不得要披荆斬棘，靠着雙手給自己去開路，每班至少又要有鋸子兩把，每二人要有砍刀一把。

三、敵軍的優點和劣點　在緬北各戰役中，我們發現敵人許多優點：第一、從敵人的死屍上，差不多總可以找出典範令來，可見得他們對於典範令遵行的徹底和研究的工夫。第二、敵軍據守的陣地，每每費很大的氣力，才能攻下，原因當然很多，但是直接有效的防禦法，還是着重在築城方面，陣地堅固，火網周密，各地區的配備，都有獨立性，能以火力互相支援，各種掩體多採用「掘開橫穴式」的構築，上面都有好幾層大木頭夾着泥土作爲掩蓋。第三、敵軍在每一個據點中儘量囤積彈糧和飲料，死守不退，非到全部消滅，無法佔領。不過，這種精神後來便漸漸的低落了。第四、富有各自獨立作戰的精神，所以常能使用小組滲進的戰法，造成戰場的恐怖，和作遠距離及廣正面的搜索襲擊。第五、注意諜報工作，常能迅速的得到確實的情報。第六、奉行命令徹底，士兵長於白刃戰。

敵人的劣點也不少：第一、過於計較小據點的爭奪，而往往忽略了整個戰鬥的態勢，所以對於側翼和後方的警戒非常疏忽。第二、後方感覺性過於靈敏，每遇我軍深入，便窮於應付，自相紛擾。第三、突擊和衝鋒時喜用密集隊形，最易被猛烈火力擊滅。第四、指揮官下命令時不考量彼此的實力，妄給部隊以「擊滅」或「擊潰」對方的任務，結果無力達成，反而喪失指揮官的威信和部隊的戰鬥信心。第五、敵軍本來強調官兵要同甘共苦，但從俘虜的口供中，對於這一點都不滿意，影響到上下一致的團結精神。

四、我軍的戰法　我軍在緬北戰場採用的戰法，大約有以下幾種：第一種是逐點攻略——

記得我軍初入胡康河谷時，對於叢林戰還沒有經驗，地形又不大熟悉，不敢冒險深入，採取逐點攻略戰法，先用猛烈砲火把敵人的堅固陣地逐點摧毀，然後突破佔領，這是火力主義，教敵人在砲火威脅下喪失戰鬥意志，是攻心戰法的一種。于邦之戰，是這種戰法的代表作。第二種是圍攻戰法——對敵陣採取三面包圍態勢，並截斷敵軍後方的補給和聯絡線，使其糧彈絕源，無法死守。又在敵軍陣地側面，留一缺口，示以生路，誘其潰逃，先在適當地點預設埋伏，等待敵軍逃遁時，便可一網打盡，即是孫子所說的「圍師必闕」，孟陽河戰鬥，算是這種戰法的代表作。第三種是迂迴戰法——用適當兵力從正面攻擊，吸引敵人注意，以主力或一部兵力在森林中開路迂迴，繞到敵軍的背後，截斷敵後交通，阻止增援部隊，然後對正面敵軍包圍夾擊，達成殲滅戰的目的。這個戰法，用得最多，收效最大。一一二團西通截路之役，是這種戰法的代表作。第四種是楔形戰法——用有力部隊，利用地形蔭蔽，從敵人配備的間隙中間，突擊敵陣的心臟部份，其他部隊分別由正面側翼，直搗敵軍的縱深陣地。這種戰法，對於敵人廣正面的防禦陣地攻擊很有效，可以節省攻擊時間，但有兩個基本條件，一要指揮官對於情況完全明瞭，二要部隊戰鬥力量相當雄厚，一一四團攻擊孟拱的潛突戰法，便是這種戰法的代表作。

五、敵軍慣用戰法和我軍的對策　一、敵軍常用三人或五人小組，攜帶乾糧，利用密林蔭蔽，鑽到我軍後方，擾亂砲兵陣地和指揮機關，或是潛伏在交通要道，狙擊官長。我們對於這種狡滑的戰法，一面進行廣泛嚴密搜索，教士兵養成敏感沉着和獨立作戰的精神，一面多設埋伏小組，以其人之道，還治其人之身。二、陣地戰時，敵人常常組織突擊隊，趁着我軍新進陣地立足未穩的時候，進行黃昏後或是拂曉前的攻擊，先用各種火砲和自動武器向甲陣地猛擊，吸引我軍對甲陣地注意，突擊隊便利用槍砲聲的掩護，潛至乙陣地附近，大聲狂叫，一擁而進，用手榴彈刺刀肉搏。這種突擊隊的兵力，通常是二十人到三十人。防禦這種戰法，我軍在進佔每一陣地後，必須在黃昏以前完成各種工事，用自動火器構成交叉火網，封鎖住可能被敵人潛進的道路，組織夜襲小組，使敵人沒有出擊機會，並在陣地前緣五十碼至百碼外設置埋伏，使突擊隊無法接近。三、敵人據點工事，做得頗爲巧妙，都能互相支援，彼此呼應，常用少數小據點，牽制我軍兵力。我軍對於這種陣地，只能劃分地區逐次攻略，先用各種手段，細密偵察搜索，務須探出敵陣強弱的所在，和重火器位置及側防機能，再選擇其最感痛苦的方面，縱深突進，並須儘量利用飛機和重砲予以毀滅性的轟擊，減少步兵攻堅的戰鬥。四、敵人又常使用排以下的小部隊組成獨立據點，牽制我軍兵力，對於這種小據點，絕對忌用大兵，只須挑選優秀幹部一人，率領少數饒有膽識的士兵，祕密接近敵陣，藉信號聯絡，先用砲火摧毀敵陣，然後突入佔領。

六、補給的重要　這一次世界大戰，盟國取勝之道，可以說一半以上是仗着補給完善，隨軍在緬北所見到的，正是世界戰場的縮影。中國八年來的抗戰，因爲出產富庶的省份，大都淪入敵手，兵糈民食成了嚴重的問題，在國內戰場談補給，大家都只注意到給養上面，以爲只要是糧秣充足，士飽馬騰，便可以戰勝攻取；其實彈藥的補給，也和糧秣的補給一樣的重要。我們一方面要兵員體格健壯，裝備犀利，一方面還要隨時獲得充份彈藥，火力才能旺盛，部隊攻防時的衝力和抗力才能增強，作戰略戰術行動時，行軍力和伸縮性才能充分發揮。

緬北戰場盟軍的補給制度，對於這兩方面都能夠兼籌並顧，在叢林中，攻防雙方的補給線，都容易被敵方截斷，空投補給便可減少這種顧慮，不受時間和地形的限制，有時敵人雖能判出我軍的進出方向和企圖，但因爲我軍補給圓滑，行動自如，使得它一籌莫展，眼看着我軍神出鬼沒，無可奈何！

七、迂迴部隊的要訣　迂迴目的，在斷絕敵後交通，爲叢林戰中促使敵軍迅速崩潰而收殲滅戰果的最有效戰法。擔任迂迴的部隊，必須官兵身體壯健，戰鬥意志堅強，攻擊精神旺盛，能吃人所不能吃之苦，耐人所不能耐之勞。指揮官更要有機敏果敢獨斷專行的才能，因爲迂迴路線，一定要選擇最困難的地形，在敵人認爲無法通過者，然後才能出奇制勝。其次，迂迴部隊要特別注意遠距離的敵情搜索，最好能利用飛機偵察，對於意外的情況，才能及早處置，行動起來尤其要輕快祕密，一切笨重裝具，和嘶叫的騾馬，都以不帶爲妥。對於迂迴敵後的地點。事先要周詳選擇，佔領一地後，馬上便要完成各種工事，準備敵軍的反攻。

上面所舉的幾點經驗和敎訓，都是偏於叢林戰的方面，其他像通信聯絡的重要，和各兵種協同的所見等等，在別的戰場也有同樣情形，便沒有一一的記錄下來。本章在一般讀者看，也許感覺得枯燥一點，但這些都是血的敎訓，「前事不忘，後事之師」，保持優良傳統，發揚已具成規，展望興隆國運，我們必須牢牢的記取，百尺竿頭更進一步的加以分析研究。其中像盟方的後勤組織完善，補給圓滑，在建國建軍的今天，給予我們的借鏡之處正多，更値得我們的參考和注意。

廿九　劫後華僑

中緬兩國具有二千多年親善邦交的悠久歷史，而緬甸又是三十多萬華僑的第二故鄉，隨軍在緬所經過的城鎮，沒有一處看不見華僑的足跡。緬北一帶，雲南同胞居多，他們從騰衝順着一條騾馬道，翻過高黎貢山，走到八莫或密支那，憑着血汗去立家創業。在下緬甸一帶經營商業的，大半是循海道去的廣東和山東的同胞。

三十一年，日軍在仰光登陸，下緬甸首先遭受到砲火的洗劫，曼德勒一次大轟炸，華僑便死去三千多！由於交通工具缺乏，逃難的人羣，都擁擠在沿路的火車站和輪船碼頭，徬徨焦急，無家可歸，偶而遇到路過的國軍，便扶老携幼，尾隨不捨。那時，軍情緊急，部隊任務重大，無法相顧。原住緬北和一部由下緬甸逃到緬北的華僑，在投奔祖國途中，被敵蹄追及，不幸的便在子彈和刺刀尖下喪失了性命，這一筆血債，一直悲痛的壓在被難者兒女的心頭！

日本人佔據緬甸之後，華僑更是過着非人生活，敵人自嫌其虐待手段還不夠毒辣，又去挑撥中緬感情，敎緬甸人也仇視華僑，逼得僑胞們無地自容，無以爲活。密支那解放那天，福建籍的僑胞林文炳先生沉痛的說：「我們很欣慶能再生人世，自問在日本人佔據緬甸以來，我們被一步一步的逼到山林裏，過着穴居野處野獸式的生活，但我們畢竟是現代的人類啊！

一切疾病飢饉和顚沛困頓，使我們不幸的一羣中間，有因疾病而死亡，有因飢饉而成餓莩，這種慘絕人寰的生活，實在料想不到我們會從那一天起得救！」

緬甸在敵人佔據期中，華僑被壓得一絲氣都喘不過來，老太婆想起了傷心的往事，不敢縱聲痛哭，小孩子不苟言笑，失去了童年的活潑和天眞，我們聽到了許多酸辛悲痛的故事，也看到了一些偉大動人的場面！我軍光復八莫時，七十三歲的徐老太太，扶着一根拐杖親自帶領婦女慰勞隊，去到野戰醫院裏慰問負傷將士，小孩子笑嘻嘻的把白嫩的小臉，送給頭纏白布滿臉于腮的陌生人去親；爲着報告敵情，怕指揮官不肯相信，一位老華僑發誓要拿他的妻室兒女作保證。金老頭子自己會做菜，他請求把他僅有的積蓄二百羅比拿出來請新一軍的官長吃飯，說是「死也閉眼」。

在孟拱河谷戰事勝利結束後，緬北敵軍給養發生嚴重問題，到處搜奪民間食糧，華僑更被刮得一乾二淨，接着再來幾場惡戰，又把他們歷盡千山萬險辛苦經營的一點產業，付之一炬，他們便成了無家無食的難民。密支那情形更慘，起初，他們有好幾千麕集在一些破漏的草棚裏，瘦弱不堪的少女，提着籃筐，到很遠的地方去挖取野菜，白髮蕭蕭的老人睡在地下奄奄一息，教人心中泛起說不盡的酸辛！我軍一方面把節餘的食米，拿來解救飢荒，一方面派出兵工，利用破鐵皮、斷木板之類舊料，建蓋華僑新村，使先有安身之所，再漸漸的扶植他們經營小本販賣和手工業，讓他們自謀生活。等到他們有了三個月的生聚時間以後，孫立人將軍又命各師政工人員，創辦華夏學校，教育失學僑童。有一次，他對政工人員講話，特別提到僑教問題，他說：「華僑對於祖國具有崇高的熱愛，其所以不能充份表達的原因，是由於他們所受的本國教育不夠，因爲僑胞身居異域，一切風俗、習慣、文化、教育，乃至政治思想，都完全和祖國脫離，世代相沿，子孫後世，便會數典忘祖。特別是南洋一帶，在敵人箝制思想的奴化政策下，華僑教育，更需積極改革，政府目前正在全力抗戰，事實上鞭長莫及，我政工人員，必須負起這責任，以爲政府將來發展華僑教育的基礎。同時，本軍這次出國遠征，是中國近代史上第一等大事，我們對於那些用血肉築成史迪威公路的英雄好漢們，一定要留一個永久的紀念，古語說：「十年樹木，百年樹人。」我主張即以培育華僑子弟，來紀念這一戰爭中壯烈犧牲的萬千將士！」緬北各光復區的華夏學校，便在孫將軍極力扶持之下，紛紛的創立起來。

孟拱、密支那、八莫、南坎、新維、臘戍都次第成立了華夏小學，八莫還有規模較大的中學一所，各校學生最多的有三百人，最少的有九十人。教師起初是由各師派出政工人員擔任，後來改由從軍的知識青年中，挑選師範學校畢業學生替充。課本由各校教師自行編定，再送軍政治部審核，統一印發。南坎華夏小學編的國語課本，開宗明義第一課便是：「人，中國人。我是中國人，我愛中國！」我認爲最合標準。

華僑小學學生年齡，平均在九歲上下，大都是生長國外，能說一口流利的緬甸話或擺夷話，學起國語來非常困難，起初聽到教師用國語講書，還一定要他們跟着去讀，都覺得好笑，很費力的才慢慢把他們矯正過來，每日早晚規定要升降旗、唱國歌、答問政治常識，這算是起碼的公民訓練。

遠離祖國的孩子們，一旦把他們的愛國情緒激發，進步倒是很快，他們中間有非常用功的學生，下課以後，還到教師的寢室裏，去詢長問短，回家再把當天聽到教師講的國家大事，津津有味告訴爹娘，異國鄉音，包涵着無限的親切之感，這一點收穫，眞是值得珍貴了。除了盡力發展僑敎而外，孫立人將軍又顧慮到僑胞將來的生活問題，他知道僑胞的產業都是浮動的，經過一次浩劫以後，什麼都完了，再說重整舊業，談何容易！他在密支那，曾經對一個老華僑說：「你們現在吃的米麵，都是國軍節餘送來的，但，我們不久就要回國了，你們將來怎樣的打算呢？」那位老華僑用很有把握的語氣安慰孫將軍說：「請軍長放心，我們過去一點產業，是憑着血汗掙得來的，現在雖然是完了，但是我們還可以拚着血汗再去恢復。」事後，筆者又去問他，他才嘆口氣說：「我也知道事情沒有那麼容易，但是，你看孫將軍，爲着憂勞國事，頭髮都累白了，我們怎能忍心再拿一切瑣事去麻煩他呢？」從這段話裏可以看出華僑對國軍的愛戴，和軍民關係的深切。

國軍在密支那候機班師回國的時候，當地華僑發起一個免費餽送國軍購物的運動，但一律都遭到謝絕，孫將軍曾就華僑的盛情，提出三點希望：第一，他希望密支那、八莫、南坎、芒友這一帶的僑胞，要對當地的陣亡將士公墓隨時留心保護，以慰忠烈於地下。第二，他希望僑胞對於草創的華夏學校，要盡力使其發展。第三，希望僑胞發揚中國固有的道德，爲國家珍重努力！

現在部隊回國已將近八個月了，孫將軍的三點希望仍是參加過遠征的人朝夕不能忘懷的事，這本書有機會能到緬甸去的話，我想它一定會負起鄭重寄語的責任！

三十　活躍印緬的政工

提高士氣，收攬民心，加強作戰力量，配合軍事進攻，駐印軍的政工人員確實達成了這個任務。

年青的政工戰士，一部份是在三十一年隨軍轉入印度，一部份是自祖國飛越喜馬拉雅高峯參加遠征的行列，他們都有無比的熱情和堅決的意志。

部隊在藍伽整訓期間，政工的主要活動是：推行識字教育，加強精神訓練，激發官兵愛國情緒，加強戰鬥意志；舉辦各種競賽，發展康樂活動；增進官兵身體健康，減除思鄉觀念；創設英印緬語訓練班，講授叢林生活常識；一切都是配合部隊作反攻的準備。

反攻戰開始，部隊從交通便利的藍伽，進入到渺無人跡的深山密林中，最初感受到恐慌的，便是缺乏文化食糧，新三十八師政治部首先創印精忠日報，接着便有新二十二師的湘潮報，工十團的正義日報，再往後，又有新一軍軍部的軍聲週刊，汽六團的征輪月刊，新三十師的精忠日刊，五十師的剛聲報，風氣所及，眞如雨後春筍，盛極一時。其中除軍聲週刊爲鉛印外，其餘多是油印，以精忠日報辦得最早，發行最久，它從三十二年「七七」紀念日在列多北面的卡圖創刊，一直到駐印軍凱旋回國，始終隨軍出版。在緬甸一共印行了五百九十三期，搬過二十五次家，敵人往那裏逃，它便隨着先頭部隊追到那裏，無形中成爲威脅敵人的精神炸彈。油印報主要內容，是報導國內外重要時事，駐印軍戰訊，忠勇事蹟和戰地速寫。全部財產，只有一個發電機，一個收音機，一架手搖油印機，和鋼筆、鋼版、紙張、油墨等必要文具。本來並不算累贅，但面臨砲火連天的前線，活動於特殊的山林地區，眞不知費了多少的氣力！編印完竣後，爲爭取時間，經常交由空投糧彈的飛機投送，使在炮火下搏鬥的健兒，能夠知道世界大局的發展，和他們本身用血肉創造的光榮戰績。

另外駐印軍政工最活躍的一個部門，要算劇運的推動，尤其是平劇。先後成立的平劇團，有新二十二師的二二劇團，汽六團的征輪劇團，原屬新三十八師後歸新一軍的鷹揚劇團，和工十團、五十師、憲兵營等劇團。平劇在駐印軍裏發達的原因：第一，因爲話劇的服裝，燈光和佈景，在戰地森林裏，無法佈展，平劇比較方便。第二，隨時搭成的露天劇場，簡單容易，只有平劇比較適合演唱。這些平劇團裏，鷹揚劇團擁有十二位國立歌劇學校從軍的劇人，角色齊整，表演精彩，最能受人歡迎，每次演出，總是座無虛席，後來向隅，開演通知還沒有發出去，消息便不脛自走，即使遇着滂沱大雨，觀衆依然心神俱往，屹立不動，掌聲如雷。劇團也是緊隨着部隊前進的，孟關、密支那、八莫、南坎、新維、臘戍，每一次勝利之後，劇團便有一次大規模的戰地勞軍演出，有時劇場或竟在敵人的重砲射程以內，砲聲陣陣，鑼鼓聲聲，英雄們走下戰場，跨入劇場，看完了三天或五天戲，又走出劇場，重上戰場，疲勞和興奮，起了新陳代謝的作用。

話劇團也有幾個：新三十八師的存誠劇團，汽六團的征輪劇團話劇組，其他如砲兵團和新一軍教導總隊，也都有話劇的活動，不過因爲女演員、服裝和佈景種種問題，使演出成績受到相當限制。密支那戰役以後，各師政治部又增設電影放映隊，可惜影片多來自美方，異國情調，言語不通，弟兄們不無格格不入之感！

文化和康樂活動之外，撫慰傷病，協助救護，同時鼓舞士氣的重要課題。新一軍組織了一個傷兵服務隊，抽調各師政工人員，分頭派往各美國醫院服務，監督改良伙食，分發犒賞，替傷病官兵寫信、擔任翻譯、讀報、講故事、解決困難、減輕痛苦。逢年過節，各師政治部紛紛組織慰問隊，攜帶牛奶、橘子、香煙之類的慰勞物品，到後方醫院裏去作臨床慰問。醫院附近如有華僑，他們也一定要隨同去慰勞一番。晚間還常常舉行慰勞遊藝會，節目以平劇為主，傷病官兵凡是經過醫師許可的，便可以去看戲，大家紮上綳帶，攜着拐棍，高高興興的坐在前面。又爲着替負傷將士輸血，醫院裏辦了一個「儲血銀行」，新三十八師政治部就許多漫畫和標語，副師長兼政治部主任葛南杉將軍首先倡導，親自跑到醫院裏輸了三百七十五CC，於是輸血運動立刻展開了。有一個期間，每天都有大卡車載着自願輸血的官兵到醫院裏去，輸血過後，看護小姐微笑着親切的把一枚銀色十字紀念章，掛在輸血人的胸前。

在協助作戰方面，駐印軍政工有兩項重要工作；第一是協助部隊辦理後方勤務，第二是對敵宣傳。緬北戰場，交通梗阻，糧彈雖由飛機空投，但投下來的糧彈，怎樣接收？怎樣分配？部隊裏原有的軍需官、特務長和軍需上士忙不開，一部份政工人員便負起幫辦後勤運輸的責任，一一二團連指導員梅樹淇就是在指揮收集糧彈時，被空投下來的米袋打傷了腰，在醫院裏睡了半年多。戰地裏的對敵宣傳，在緬北戰場十分重要，因爲敵軍深受他們官長麻醉宣傳的欺騙，執迷不悟，頑劣異常，如果經人指點說明，很容易動搖其戰鬥意志，在于邦、瓦魯班、孟拱、密支那、八莫、南坎，每次戰役裏，我軍政治部都印了許多傳單，用飛機空投到敵陣裏去，揭穿敵閥欺騙，說明我軍優待俘虜，舉出許多世界大勢不利於敵的事實，勸他們投降。在圍攻八莫時，新三十八師政治部還組織了一個對敵廣播宣傳隊，天天把播音器架在附近的山坡上，用日語警告敵軍，並播送懷鄉的日本曲子瓦解敵軍的戰鬥意志，曾收極大的效果。

收攬民心方面，駐印軍政工偏重在救濟和整肅軍紀，駐印軍官兵都很能明瞭軍隊代表國家權威的意義，所以觸犯軍風紀的事件很少，偶有發現，政工人員便從旁勸止糾正，又在報紙上面批評，讓大家有所警惕，束身自愛。久經敵人蹂躪的緬北民衆，對我軍的紀律嚴明，秋毫無犯，無不喜出望外。在我軍克復每一地區之後，當地民衆，大都是餓病交迫，政工人員便商同部隊長把敵人搜刮來的贓物還之於民，把奪獲敵人的藥品，用來施診，這種惠而不費的救濟辦法，不知救活了多少人命！

前面「劫後華僑」一章裏，說到的救濟和興學，也是政工人員主辦業務之一，他們除了協助華僑安居樂業生聚教訓的工作而外，還指導華僑組織華僑互助會，訂立規程，加強聯繫。發動組織各種服務隊，和工作志願隊，協助部隊作戰。又設立戰地服務處，作爲軍民聯繫的橋樑。軍事、政治，在緬甸戰場上，眞正算起了交流合作的妙用。

孫立人將軍批註「緬甸蕩寇志」原書之影印本

一　曼德勒衛戍司令

三十一年，當日軍連破馬來、星洲，席捲中南半島，長驅入緬，聲言與希特勒納粹匪軍會師中東的時候，國軍應盟友英國之請，源源開入緬甸，協助英軍共同保衛這一塊印度的屏藩，和當時我國唯一對外交通綫的滇緬公路，新三十八師就在這種偉大而艱鉅的任務之下，踏上了異國的征程。

一羣滿懷興奮的健兒，邁開雄闊的步伐，從貴州興義走到雲南安寧，在那兒特有的溫泉裏，洗滌半個月來行軍中渾身上下所積起的塵垢，把這一溝肥水，留收在祖國的田野裏，作為暫別國門的紀念。

三月二十七日早晨，安寧縣公路左傍，擺起了一列冗長的汽車行列，車上貼滿紅綠紙條，上面寫着一些：「歡送新三十八師出國遠征」「揚威異域」「為國屋，裏面陳列一些緬何歷朝的衣冠文物和皇子皇妃的塑像，皇宮門口擺着兩尊古砲，左右都堆着許多十六磅鉛球似的砲彈，據說這兩門砲，當初在京城保衛戰的時候，還曾立下過歷史上的功勞。當時曼德勒的情況，我只能寫下這點記錄，其餘的便是滿街瓦礫和漫天的大火了。

部隊進駐曼德勒的前三天，蔣委員長曾親自飛到曼德勒城東四十英里的眉苗，召集入緬國軍將領舉行軍事會議，決定派孫立人將軍担負守衛曼德勒的責任，會後親赴曼德勒巡視，對于怎樣構築工事，怎樣清除街道，怎樣救災保民，都有詳盡的指示，並指出皇城左面的小山好像紫金山，伊洛瓦底江好像長江，曼德勒有如南京的形勢，而保衛曼德勒也和保衛南京同樣的重要。他說完了話，把手中一幅曼德勒全圖遞給孫將軍，孫將軍立刻領悟到最高統帥的意旨，他用挺立的姿勢雙手接過了這幅地圖，從堅定不移的目光中，表達出他接受任務和誓與陣地共存亡的決心。

✓新附軍散而獨演空城計

✓（四）十六日夜是羅卓英及楊業孔

重局面。新三十八師的一一二團和一一三團先後奉命由副師長齊學啓將軍率領，開往納特曼克與巧克柏當兩地佈防，負責支援英軍和掩護正面國軍的側背，曼德勒衛戍的任務，只留下一一四團的兩個營担任。至於一一四團的第一營仍然留在臘戍，担任飛機場的警戒任務。

敵軍探聽到英軍退守仁安羌的確息，馬上就分出兩個聯隊兵力，繞到英軍後方，佔領仁安羌油田，切斷英軍歸路，將英軍第一師全部和戰車營的一部，包圍在仁安羌北面一帶地區。又用一個大隊的兵力飛快佔据拼墻河北岸渡口附近，阻截英軍的救援，當時在拼墻河北岸和敵作戰的英軍，不過只是少數步兵和裝甲旅戰車山砲的一部份，自身都已難保，更無力分兵去救援在南岸被圍的部隊了。

四月十六日，在仁安羌北面的英軍第一師已經被包圍兩個晝夜，糧盡彈缺，水源斷絕，危急萬分，駐紮巧克柏當的一一三團，便奉到了立即馳援的命令。

救兵如救火，一一三團連夜奔趕，在十七日的黃昏時分，到達拼牆河北岸，

112團調歸建[illegible][illegible]114未奉命仍留羅

三　掩護轉進

仁安羌大捷後，敵人傷亡慘重，銳氣大挫，孫立人將軍迅即飛調在納特曼克待命的一一二團及衛戍曼德勒的一一四團（仍欠一營）開赴前線，計劃在二十一日拂曉來一個果敢的攻擊，先從敵軍右翼迂迴，斷其歸路，打算把三三師團的敵軍，壓迫在伊洛瓦底江東岸一鼓殲滅。

一一二團在二十日下午如限趕到前線，一一四團也在汽車輸送途中，一切攻擊佈署，都照預定計劃準備，不料當時全盤戰局，突然與我不利，英方有放棄緬甸的計劃，盟軍便決定全部撤出緬甸。新三十八師奉命撤到伊洛瓦底江北岸沿江佈防，掩護英軍和國軍的撤退，這一來正在殺得興起的健兒，只得暫時收起雄心，執行掩護友軍撤退的新任務，開始轉進，敵人眼見我軍正在陸續增加，有積極準備攻擊的模樣，忽然間又向後撤退，弄得莫明其妙，不敢追擊。

二十八日，新三十八師全部渡過伊洛瓦底江，佔領東北岸的色格附近地區，作持久防禦計劃，以掩護友軍和盟軍撤退。當時我軍得到情報，知道東路敵軍已突入西保，進攻臘戌，有夾擊我軍的企圖。

三十日，敵機三十六架，轟炸色格我軍陣地。五月二日北撤盟軍，都已渡過伊洛瓦底江，最後一部，是九十六師的追擊炮連和機關槍連的收容隊，在半渡中，被竄到色格對岸的敵軍便衣隊襲擊，接着敵軍先頭部隊也跟蹤追到南岸，和新三十八師掩護部隊，展開激烈的追擊砲和機關槍的大戰，結果都被我軍完全消滅，盟軍和國軍全部安然渡過大江。新三十八師掩護撤退第一個階段的任務完滿達成後，又奉到以主力轉進到溫早繼續掩護國軍撤退的新任務，同時，又奉命派出一一三團星夜馳赴卡薩佔領陣地，對八莫方面嚴密警戒，掩護國軍的右側。

當時盟軍處境，極為不利，敵軍戰術，採用雙頭鉗形攻勢，一路沿我軍退卻路線，佔領色格，中路由同古陷曼德勒和曼打牙在趨新喈，這是內鉗，外鉗的企圖更大，左翼由棠吉攻陷臘戍，進攻八莫密支那，斷我國軍歸路，右翼一部沿清德溫江侵入米內瓦，一部溯江而上直趨卡里瓦，截斷英軍歸路，盟軍便被裝進了一個大袋子裏面。孫立人將軍對于敵人這種毒辣的企圖，看得十分清楚，因此，他非常着急，他匆匆從色格趕到依烏，把當時的敵我狀態，口頭報告給緬甸軍總司令亞力山大上將，他建議請英方配屬我軍一部砲兵和幾輛坦克車，我軍便可用新三十八師全師兵力，先和侵入米內瓦之敵作一決戰，把它的左鉗斬斷，然後再從容部署，使敵人不敢有進窺卡里瓦的打算，這樣，戰局一定可以轉好，盟軍才可以安全退出緬甸。亞力山大將軍對于孫將軍的意見，雖然十分稱贊，但對要求英軍砲兵和坦克車配屬作戰，則婉詞謝絕，他的理由是英軍已經奉命撤往印度，不便再作攻擊的措施，並且山砲及坦克車都已後撤，一無汽油，二無給養，不堪再戰，孫將軍認為這一舉關係盟軍全部的安危，一再堅決請求，終無結果，後來這些大砲，坦克車和輜重汽車走到卡里瓦，被敵軍把路截斷，全部丟毀在清得溫江的東岸，國軍也因此而陷入苦戰，實在是非常可憾的事情！

孫將軍回師殲滅米里瓦追敵的計劃，既不獲實現，便按照原定日程行動，在八日下午到達溫早，隨即向密支那前進。十日，新三十八師的主力到達米白，得到八莫密支那都已被敵軍佔領的消息，判明敵軍對我雙重鉗形攻勢已經完成，同時又得到一一三團正在卡薩苦戰，和一一二團在溫早被圍的報告，孫將軍面對着這種嚴重局勢，認爲不出奇制勝，便會遭受到不可想像的結局，他下決心轉回溫早，先解救一一二團，打擊尾追的敵軍，以頓挫其追勢，然後再作打算。這種返身再戰的戰法，完全出敵意表，在溫早包圍一一二團的敵軍，竟不知此支援兵從何而來，頓覺驚惶失措，我軍內外夾攻，殺聲震天，一日一夜，斃敵八百餘人，殘敵死命奪路逃竄，一一二團安全出圍。十三日拂曉，敵又集結大部兵力向我軍左翼猛攻，把溫早通八莫臘戍的交通線完全截斷，這時其他國軍已向北方轉進很遠，新三十八師孤軍落後，給養彈藥都缺，雨季又即將到來，孫將軍因爲所負掩護撤退的任務已經達成，便決定從溫早折向西北行進，當時敵人的空軍雖然十分活躍，但被我軍聲東擊西的戰法所迷惑，不知道我軍究竟退往何處，新三十八師乃得在深山森林的蔭蔽中安然轉進。

新三十八師主力在溫早脫離戰場之後，即向西北山地日夜兼程行進。十六日到達刊帝，走入兩邊都是懸崖峭壁的山谷當中，四面沒有路徑，必須從峭壁所夾成的拉馬河中涉水行走，幸喜是乾季，水不太深，淺的地方還不過膝，深處也只淹到腹部，當時官兵實在疲困不堪，勉強打起精神在河裏走了一日一夜，上岸時，有許多人腿脚都被泡得腫脹起來，大家還笑嘻嘻的互相慶賀，都說是假如雨季早到幾天，全師官兵就不知道要伊于胡底了。

十八日下午，部隊轉進到清溫江左岸的旁濱。敵人的淺水砲艦和汽艇正在溯江上駛，旁濱已經滿佈了敵探和便衣隊，前臨大水，後有追兵，官兵們都捏了一

英人不管華僑，印人欺侮華僑，緬人殺華僑，沿途瘧病餓渴，難民死亡枕藉

途，因爲氣候乾燥炎熱，他們大部病苦狼狽不堪，我們官兵很多自動的把自己水壺裏剩下極有限的水，倒給病人喝，分出背袋裏的糧食給難民吃，難民羣裏有一個孕婦因爲病得太苦，自己不想活，好幾次跳入水塘裏，弟兄們都把她救了起來，有一個七十多歲的老太婆病餓得不能動，弟兄們輪流的把她抬到印度，孫將軍還把以前担任曼德勒衞戍司令時，蔣委員長發下來犒賞清除街道士兵的餘款三千羅比，撥作救濟沿途難民之用，中華仁義之風，澤被了天竺古邦。

（註）一、色格 Sagaing　二、西保 Hsipaw　三、溫早 Wantho　四、卡薩 Katha
五、八莫 Bhamo　六、同古 Toungoo　七、曼打牙 Madaya　八、新咯 Singe
九、唐吉 Tounggyi　十、密支那 Myitkyina　十一、清得溫江 Chindwin R.
十二、卡里瓦 Kalewa　十三、依烏 Ye-u　十四、亞力山大將軍 Gen. H. R. Alexander　十五、米咱 Meza　十六、刊帝 Kaget　十七、拉馬河 Lama R.
十八、旁沿 Paungbyin　十九、羅比　印度及緬甸幣名

花馬井　連絡上　由口進　終須搭　不路轄　在南走　虜後援　渡河倘渡不行即　敵前強渡

來，跟着江東岸砲火齊發，又有一批敵軍強行渡江，同時上游敵軍也藉着東岸砲火的掩護乘着十多艘用帆船改裝汽車馬達的臨時汽艇，在我右地區隊前強行登陸，這兩路強渡的敵軍都被我軍迫擊砲機關槍打得落花流水，左地區的陸上敵軍，獨力難支，也被擊退。夜晚十一時敵軍大約一個聯隊又捲土重來，齊副師長親在前線指揮，我軍利用側方熾盛的火力，迎頭痛擊，這時撤退國軍都已去遠，劉團便在敵軍攻勢頓挫的一剎那間，迅速轉入山地，敵軍突然不知我軍所在，判斷一定是在尋找渡江的地點，便四下派出輕快部隊沿江扼守。劉團從仁安羌到卡薩，前後經過二十多天的苦戰，官兵絲毫未得休息，實在不能戀戰，同時又是糧彈兩缺，只好避開敵人，另從山中開闢小路，攀籐附葛扶創忍痛的向印度轉進，五月三十日他們趁着月夜，在南先邈悄悄渡過了清得溫江，六月八日到達英法爾，歸還建制。

部隊統統都到了印度，獨獨不見齊學啓將軍，他是在劉團從卡薩轉進的前一

五 初入印度

新三十八師到達印度的消息，傳到了英國東方警備軍軍團長艾爾文將軍的司令部裏時，使艾爾文將軍大為驚異，他眼見由緬甸退回印度的英軍三五成羣，衣衫襤褸，裝械俱失，狼狽不堪，以為新三十八師担任掩護撤退的任務，孤軍殿後，經過艱辛的苦鬥和長途跋涉，一定更要比英軍狼狽十分，甚或竟已成了無紀律的潰軍。的確，新三十八師遭遇的艱苦，恐怕還不是艾爾文將軍所能想像得到的，從仁安羌之役起，一直到轉進到印度，這一個月當中，新三十八師，無日無夜不在緊張危險的局勢中，苦撐惡鬥，尤其是從列都到旁濱的一段，自古卽為印緬隔絕地帶，無路可通，官兵都從河裏涉水行走，不但忍飢挨餓，並且還不能有片刻睡眠的時間；但這一切的艱辛，都沒有減弱官兵們的精神，他們都明白這是

尤其武
然亦蒙
護名節

中國軍隊第一次到印度，他們被「軍隊代表國家權威」的觀念鼓勵着，所以身體雖然已經疲困不堪，但精神却是格外的煥發。隨身裝備，除一部份襯衣褲和鞋襪，因爲輾轉作戰的關係，似乎稍嫌破舊外，其他軍服軍帽武器都是整潔齊全，軍容壯肅，紀律森嚴，這是出乎艾爾文將軍意料之外的事情。

艾爾文將軍既認爲轉入印度的中國軍隊已經成爲沒有紀律的潰軍，恐怕擾亂地方秩序，發了一個特急的電報到德里，給印度英軍總司令魏菲爾上將，準備把我軍繳械。恰巧緬甸軍總司令亞力山大將軍時在德里，極力反對，他主張不但不能繳械，並且還應該用客禮招待，他向魏菲爾將軍詳細說明新三十八師在仁安羌解救英軍和後來掩護英軍撤退的功勞。英第一軍團長史林姆將軍當時正在英法爾發病，聽到艾爾文將軍有繳除我軍武裝的意思，也馬上扶病前往阻止，他告訴艾爾文將軍，說新三十八師對於英國軍隊幫助太大，於情於理，應該加以協助才對，決不可以無理相待，況且該師具有堅強的戰鬥力，不但英軍不能順利將其繳械，恐怕還要引起不幸的結果，他還請艾爾文將軍先親自去視察一番，便可明白究竟。當時孫立人將軍也因為國軍初到印度，不知道英方的態度怎樣，所以一方面把部隊屯紮在山上，嚴密戒備，一方面派人向英方交涉。後來艾爾文將軍果然親來拜訪孫將軍，孫將軍特別列隊相迎，艾爾文將軍見到我軍軍容嚴肅，和零星從緬甸退回的英軍相形之下，簡直有天壤之別，他帶着驚異和讚歎的表情回頭要他的部下多多跟中國軍隊學習，從此以後英印軍民都對國軍表示敬慕和愛戴，這是國軍初次在印度宣揚國威的光榮史蹟。羅斯福總統在頒受孫立人將軍豐功勳章的頌詞中說：「中國孫立人中將於一九四二年緬甸戰役，在艱辛環境中，建立輝煌戰績。仁安羌一役孫將軍以卓越之指揮，擊滅強敵，解放英軍第一師之圍，免被殲滅。後復掩護盟軍轉進，於千苦萬難中，從容殿後，轉戰經月，至印後，猶復軍容整肅，不減銳氣，尤為難能可貴。其智勇兼備將略超人之處，實足為盟軍楷模。」從這一段話裏，更可以看出新三十八師在第一次緬戰中的成就，和入印

戰地服務

後的聲譽了。

由於新三十八師入印後的聲譽鵲起，引起盟邦人士對國軍的注意，六月十四日聯合國在印度首府德里舉行聯合國日閱兵典禮，國軍便被邀請參加，由新三十八師派出步兵一排，隨護遠征軍第一路司令長官羅卓英將軍出席，那一天，中國國旗和英美蘇各聯合國國旗，同時高升在異國首府的天空，中國官兵的聲音笑貌，為聯合國家軍民另眼相看，在舉行分列式後，閱兵官講評，認為當天參加檢閱的十一國軍隊當中，以中國代表隊步伐最整齊，精神最飽滿，軍容最壯盛，應當榮列第一。當晚，印度總督，便在總督府裏舉行盛大宴會，特別宴請我們這一排被講評為第一的中國官兵，席間總督對中國軍隊的精神訓練，備加贊揚！第二天，印度各報一致認為中國軍隊初到印度，這是一個久戰的疲師，並沒有經過當國的任何補充，在受檢閱的十一個國家當中，竟能壓倒一切獨露鋒鋩，實在是無上的光榮。當時德里氣候苦熱，寒暑表經常指在華氏一百〇七度左右，士兵多胆的走過鬼門關，鑽進這塊叢莽的時候，事實給我們証實了這確是一個鬼地方。日光被層層叠叠的密林遮蔽得一絲透不進來，感覺到的只是天昏地暗，虎嘯猿啼！四圍活動的生物是在蔓長的雜草裏爬行着悉悉作聲的大蟒，和從脚踝上爬上來從樹葉上落下來的吸血螞蝗，地下泥深沒膝，沒有路，只有螞蟻白骨可作我們的指路牌，這些白骨，便是卅一年印緬難民撤退時飢病而死的遺骸！此情此景，使人感覺到本身的渺小和生命的飄忽！眞是「前面沒有路，人類不相通」，令人毛髮悚然，望而却步的絕域啊！

「我能往，寇亦能往。」証明這句古話，確有它的眞理。盤據在胡康河谷的敵軍第十八師團，早已在我軍進攻之先，就派出許多小部隊，扼守着這中間的幾個重要山頭，並襲擊防守在印度邊境卡拉卡，塔家鋪一帶的英軍，當新三十八師一一四團開到列多的時候，英軍正被日軍擊敗，節節後退，一一四團的健兒走馬解圍，一連奪回了幾個山頭，敵人知道碰到了勁敵，連夜增援糾集一千多人，分

白骨遍野，再聞斯聲，足河邊骨，尤是深閨夢裡人

事，和樹上的作戰碉堡。

據守這一帶河谷的敵人，是著名的第十八師團，我想有許多讀者對它都很熟悉，它的前身是久留米師團，七七事變開始，它就開來中國，首先在杭州灣登陸，在京滬一帶無惡不作；二十七年，他又在大鵬灣登陸，侵佔廣州，二十八年十一月，進攻廣西，侵佔南寧；二十九年調往越南受特殊的森林戰術訓練，參加南洋各島及馬來亞和緬甸各地的戰鬥；三十一年，打棠吉，破臘戍，攻到惠通橋；是日本陸軍中最精銳的部隊，擁有所謂「戰無不勝、攻無不克」長勝軍的盛名。

十月二十九日，新三十八師的一一二團攻佔了新平洋和大洛西北的戰略要點瓦南關以後，主要的戰鬥即進展到大龍河和大奈河的交匯點，和它以北的于邦，臨濱，沙勞以及大洛以北的拉家蘇。十月三十日，三十一日，十一月二日，五日，十日我軍先後佔領了這些地方，戰鬥都是短兵相接的惡鬥，喊殺聲和銃砲

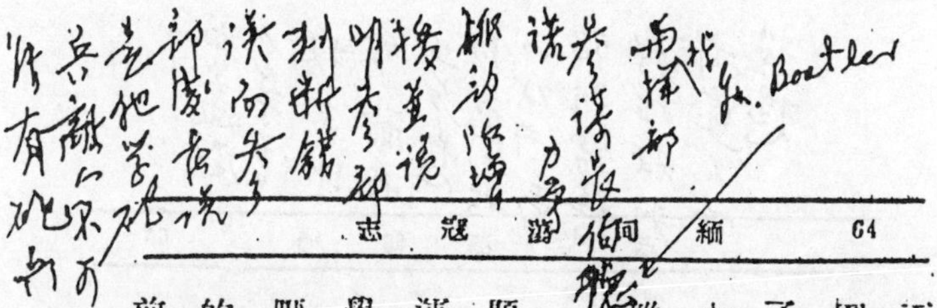

五十個緬甸兵和土人把守，由一兩個日本軍官來指揮率領，而不知道第十八師團的五五和五六兩個聯隊的主力，已經帶着許多山砲和重砲進展到大龍河的兩岸了。盟軍指揮部既然認爲敵人的兵力很小，所以便作暫不使華軍增加緬北前線兵力的決定。雖然事實上我們每次作戰所碰到的都是地道的日本人，沒有見到一個雜種，孫立人將軍也曾三番兩次請求准許將新三十八師的一一三，一一四兩團和一部山砲兵增加上來，可是，指揮部又拿後方公路未通，飛機很少，補給困難做題目，不能准如所請，硬教一一二團用一個步兵團的力量，在缺少迫擊砲和騾馬運輸的劣勢下，担任起三百多里長的防綫，對付兩個聯隊的主力，因此，時時感覺到兵力薄單和轉用困難。敵人又利用他的後方交通便利，經常用優勢的火力，壓迫我軍，更以砲兵編成縱深濃密的火網，控制狹窄的小路，使我軍在地形複雜的胡康谷河中，舉步維艱，後方是高山萬仞，公路不通，無法從地面得到補給，前方負傷官兵，也無法運輸到後方去療治。當時唯一的交通運輸工具，只是仰賴

南北迎戰
力量增
援兵未集
則敵我
兵力懸
殊又開出
反攻困高
但料錯誤
致措敗衂
前途不必
猜想

二淨。十一月廿二日，南岸敵軍增來了大批砲兵，對我兩翼封鎖渡口的機關槍陣地日夜轟擊，機槍第一連連長吳瑞和陣地同亡，敵人遂得從下游偷渡過來，繞到李營的背後一千碼處，佔領一個地勢較高的地點，慢慢的便和原守于邦的敵軍聯成一氣，反把李營緊緊四面包圍。這時候，盟軍指揮部才知道于邦的敵軍不是少數的緬甸兵，而是附有大量砲兵的第五十五聯隊主力了。這樣，第一一三和一一四兩團及山砲兵第二營，便奉到增援的命令，增援部隊沿着剛剛有一點路基的中印公路列新段（從列多到新平洋），艱苦的走了二十多天，才到達指定的地點，他們雖然是星夜在趕路，但從被圍的李營弟兄看起來，却還嫌得太有點姍姍來遲。李營，實際上只是一個加強連，從十月二十二日被圍起，到他們確實知道各路援軍到達的時候，已經被五倍的敵軍圍得將近一月了，他們每天只靠着飛機投下僅夠半飽的糧食來充飢，和只足以維持最低限度消耗的彈藥，來抵抗敵人，有一次，一架投糧飛機被敵人機關槍打傷了一個翅膀，接連三天，便沒有飛機來投糧，官兵就啃了三天的芭蕉根。胡康河谷，雖然特別多雨，但是在不落雨的季節裏，你竟無法從高地裏掘得出一滴水來，因此李營弟兄飲水成了最大的問題，窮急生智，他們居然想出了方法，從砍斷的芭蕉根和葛藤裏取出水來，勉強維持了一百多人的飲料。防禦工事，築得也別出心裁十分巧妙，把陣地週圍築成八個據點，每班守一個，各個據點可用火力互相支援，又做了六道鹿砦，邊沿都埋着用線觸的手榴彈，另外派出一班人守住陣地北面一棵大樹，那棵大樹主幹的直徑有一丈一二，周圍還有二十幾個大小不等的支幹合起來，大約要佔七八個平方丈的地面，李營弟兄利用這一棵大樹做成天然的碉堡，瞭望哨可以看出敵人一切的行動，樹上樹下都築了一個輕機關槍巢，可以打三百六十度，敵人每次衝到這棵大樹附近，都是死的死，傷的傷，結果還是退了回去，這棵樹的本身，槍彈打不進去，砲彈又不容易命中，敵人始終奈何牠不得。這個地方，後來有人給它起了名字叫做李家寨。

十二月二十一日，孫立人將軍親率一一四團趕到前線。二十三日起，劇猛的血戰展開，我們的砲兵開始活躍起來，步兵跟着砲彈衝了過去，被擋了回來，再衝過去，衝破第一道，又衝第二道，於是，雙方發生了塹壕肉搏戰，許炳新連長中了手榴彈陣亡。這時候，被圍在核心的李營長，乘機接應，從裏面殺了出來，又分兵在兩側剪斷敵人交通，封鎖渡口，使南岸敵人無法增援。激戰到二十八日敵軍的前進陣地完全被消滅了，主要陣地跟着發生動搖，洪茂棠連長立功心切，一馬當先，衝進了那個最堅固的橋頭堡陣地，第一排犧牲了，第二排又傷亡殆盡，最後他帶着第三排搶得了陣地，但他自己又不幸飲彈成仁了。步兵的傷亡太大，砲兵的火攻接着而來，砲彈像掘土機式的，把敵人整個陣地都托翻過來，陣地裏面再也無法躲藏了，殘敵紛紛向樹林裏，河淵裏逃命，被李營預先埋伏好的機關槍和追擊部隊猛熾的火力，統統給殲滅了，沒有走脫一個。這一場經過七晝晚的殲滅戰，我軍在敵人火網之下，步步躍進，前仆後繼，傷亡了官兵二百三十

一个日本兵打10个英國兵，打五个美兵，打兩个中國兵

砍了頭死後不能升天，所以寧願戰死，不肯投降。敵酋又用盡種種殘酷的刑罰，殺害中國俘虜，教士兵們集合去參觀，還現身說法的對他們講：「我們這樣的對付中國兵，中國兵一定更加倍對待我們。」但是這些騙局，都在于邦戰役中被揭穿了，說是「皇軍」不敗吧，「皇軍」却敗得一蹋糊塗；說是神符有靈吧，却是照樣的一個個死去；說是中國軍隊殘忍吧，但實際上中國軍隊却十分優待俘虜。這些勝於雄辯的事實，都被敵兵一一的認淸了，所以當我軍攻下于邦，渡過大龍河以後，沿途發現許多字跡歪斜的紙條，上面寫着：「中國弟兄不要追吧！」「這一次我們打敗了，孟關再見！」一類討饒的話，此後他們的沮喪情緒，日益加深，舉手乞降，作揖以求免死的醜態鬼臉，便比比皆是，不足為奇了。

（註）一、大洛 Taro　二、大龍河 Tarun Hka　三、大奈河 Tanai Hka　四、大宛河 Tawang Hka　五、大比河 Tabyi Hka　六、太柏家 Tainpa Ga　七、于邦

Gen. Merrill

河谷所得的經驗和教訓，我們只有仍然採取「以正合以奇勝」的戰法。

三月十五日，新二十二師配屬戰車部隊攻佔丁高沙坎，沿正面公路直叩孟拱河谷的大門，新三十八師就担任爬過傑布班山地，迂迴到隘路的後面，拔開這道大門的門閂，迎接正面部隊進人孟拱河谷的任務。

三月十四日，一一三團全部都在瓦魯班以東地區附近集結完畢，隨卽沿着庫芭山脈開路前進，另外派出第一營跟隨美軍麥支隊行動，打算經過大柏洋，西燕卡道，大奈洋，卡庫卡道等地，迂迴到沙都渣南面的拉班，截斷在傑布班山地的敵軍後路。這一團健兒，經過十四天的艱辛開路，山道陡而且滑，上下山都要用手爬，馬馱着砲不能行動，祇好用人抬，讓騾馬空着身子走，牠們不時還要從山上滑跌下去，兩天工夫跌斃了二十多匹，後來飼養兵想出法子來，上山時他們走在馬前用力扛着馬頭，下山時他們走在後頭，死命拖着馬尾，任憑這樣的費盡苦心，馬匹傷亡還是常有的事。古人說蜀道難行，比起這兒恐怕還要差得遠，令人

十二、偷渡南高江，奇襲西通

孟拱河谷，是孟拱河南岸谷地一帶的總稱，地形狹長，從沙杜渣到孟拱的一段，縱長約二百三十里，被南高江劈成東西兩半。孟拱河上游叫南高江，孟拱以下稱孟拱河流入伊洛瓦底江。河谷兩傍，都是千尺以上的山壁，雨季山洪暴發，平地成爲一片汪洋，山地也是泥深沒膝，山澗小溪都因暴漲而成爲巨流，大河像南高江南英河，更是怒濤洶湧，船隻概不能開駛。因此，攻擊部隊的行動，處處均受到極大的阻礙。敵軍在孟拱河谷的防禦計劃：第一是扼守傑布班山區隘地的天險，不教我軍越過雷池一步，並且相機反攻胡康，萬一天險不守，便企圖拚死把我軍阻止在加邁以北，以渡過雨季，再作道理，所以儘量選擇山中高地構築工事，深溝高壘，以逸待勞，企圖困我軍於水泥之中，使之逐漸消耗，以達成防禦

Gen Merrill

營便在潘卡地區被一個大隊敵軍包圍。到了四月四日，被圍部隊和支部隊的無線電訊也失去了聯絡，情況不明，支隊長麥爾利准將，急請新三十八師派駐美軍的聯絡參謀李洛上校，乘坐小型聯絡飛機趕回師部，請求孫立人將軍派兵援救。孫將軍當即電令駐在大德卡道的一一二團第一營星夜赴援解圍，次晚他收到了麥利爾准將的謝電：「貴部一一二團第一營，經以強行軍抵達此間，足見該營士氣旺盛，精力超人，訓練有素，敝團之能採取攻勢，實貴部給予之充分合作有以致之。」

四月五日，我軍對孟拱河谷的攻擊正式開始，新三十八師為左翼隊，新二十二師為右翼隊，分沿南高江東西兩岸南下。新三十八師的部署是：一一二團在左，一一四團居中，一一三團為右。南高江東側，是一脈重重疊疊的庫芒山，土人歌謠中說是「無頂之山，永不能至，」險峻可知！左翼一一二團的任務，就是要開闢新路，爬過這些「無頂之山」，繞路迂迴攻擊那些據險而守的敵軍側背，康加唐，和五六聯隊的主力相持於馬拉關地區。

五月二十一日，孫立人將軍得到正確的情報，判斷當面敵軍因爲傷亡太大，兵力已經全部用到第一線，加邁後方十分空虛，同時我軍第五十師和新三十師各派兵力一部與美軍麥支隊所組成的中美混合部隊，正在對密支那城郊攻擊，南高江西岸的新二十二師和敵軍在馬拉關一線苦戰不下，而緬北雨季馬上就要到臨，怎樣採取積極手段，趁敵人增援部隊還沒有到達孟拱河谷以前，趕快奪取加邁，南下孟拱策應密支那方面的作戰，早日結束緬北戰爭，是第一件要緊的事！他和史迪威將軍一度會商之後，便揮動新三十八師的主力迅速南下，決定用一部兵力在正面牽制敵軍，主力便從敵軍陣地的間隙中錐形突進，祕密迂迴到加邁以南，偷渡南高江，截斷敵後的主要交通線，然後向北和新二十二師夾攻加邁。戰略既定，隨即刻到的緊急命令，當日就下達到一一二團，沒有砲兵，沒有馬匹，大家都要揹着四天的乾糧和一個基數的彈藥，翻山越嶺，在沒有路的地方，祕密開出路徑，而且一定要在四天四夜以內，迂迴到加邁以南，截斷敵後公路，否則在半路上沒有糧彈的補給。從二十一日下午二時起，這一團健兒從陳鳴人團長率領之下，冒着大雨，不分晝夜，繞過瓦蘭，偷渡棠吉河，橫跨丹邦卡到拉芒卡道的敵後馱馬路，利用各種地形地物，和猿啼，鳥鳴，獸嘷，水流，雨響各種聲音的掩護，偷過敵人的重重封鎖，有時竟在敵人陣地左右一二百碼以外的地方走過，而始終沒有被敵人發覺過。二十六日下午六時，這支奇襲部隊如限到達加邁以南的南高江東岸，偵探渡河點和一切渡河的準備，僅在兩小時以內完成，奇怪的渡河工具，不是木排竹筏，更不是汽艇，而是每人隨身裝備的膠布，鋼盔，水壺，乾糧袋，這種新穎的渡河方法，新三十八師的士兵，每個人至少有過二十次以上的訓練。在列多受渡河訓練的時候，司令部上自處長下到伙夫，統統都得學會，當時的笑話風生，副師長學蛙式喝了水，處長皮膚白得與衆人不同，新一軍司令部裏的官佐們，到現在還拿作彼此互相開玩笑的資料。

這次神祕的迂迴行動，竟使加邁區敵軍，不知不覺的陷入我軍包圍圈中，在這一段地區的敵軍，是第十二輜重聯隊全部，野戰重砲第二十一大隊第一中隊，和守護庫房的監護兵兩個中隊，兵力約在一千五百人左右，以遠處後方，戒備疏忽，突然遭受到我軍的襲擊，竟以為是降落傘部隊從天而降，驚惶奔竄，不戰自潰，一日之間，便被我軍打死了九百多，俘來十五公分重榴彈砲四門，滿載械彈的大卡車七十五輛，騾馬五百多匹，糧彈庫房十五座，汽車修理廠一所，彈藥糧秣不計其數，這便是有名的西涌截路之役，陳團長因此得到一個攔路虎的綽號。

二十四日陳團從西涌沿公路南北兩面展開，把敵軍在諾拱河谷物資總屯積地區攻佔大半，佔領的公路線長達四英里，加邁敵軍所倚恃的公路補給，完全斷絕，所有的敵後通信，聯絡，運輸和指揮的機構，完全摧毀。二十五日，我軍又奪獲糧彈倉庫二十多處，敵軍因糧彈屯積中心被我佔領，急忙把新到增援的生力軍第二師團第四聯隊全部，五三師團一二八及一五一聯隊各一部，共約兩個聯隊的兵

英軍狼狽
饑病交加
形似難民
有的連槍
都沒有

六人，同往孟拱東北附近老百姓家裏買香煙，回來碰到中國軍隊，戰友五人，當時就被打死。大家都沒有想到中國軍隊來得這樣快！」可見得當時敵軍對我軍的行動，畢竟絲毫沒有發覺。

一一四團渡過了江，即以一部兵力支援英軍並接替英軍防務，讓英軍安全後撤，主力在二十日的早晨，依照孫將軍的指示沿孟拱東側山地南下攻擊，經過兩日夜的激戰，孟拱外圍的建支，湯包，來生，來召這些重要據點，盡被我軍佔領，把孟拱對外交通完全制斷，殘敵驚慌萬狀，不曉得那裏是生？那裏是死？大家只知道往城裏亂攢，都成了甕中之鱉，正好給我軍以聚殲的機會。另有敵軍步砲聯隊約一千人左右，由孟拱趕往密支那增援，走到南堤，聽說我軍已經兵臨孟拱城下，便立即回轉身來，打算和孟拱守軍夾攻我軍，使一一四團腹背受敵，以挽救孟拱的危急，不料二十一日晚，在威尼附近，被我第八連排哨一打，就打得陣勢大亂，糊裏糊塗的用密集隊形衝撞一陣，結果不但沒能解救孟拱之危，反被

十八　八莫掃穴

駐印軍從三十二年春天，開始掩護修築中印公路起，到三十三年八月四日佔領密支那止，作戰時間十七個月，中間一直沒有休息過，特別是新三十八師轉戰最久，十七個月當中，沒有一天讓全師的兵員得到一個總休息的機會，就是團以下的部隊，以調作預備隊作為休息計算，也沒有那一個團能夠連續休息到一個星期以上，造成世界長程不斷作戰的紀錄。

密支那攻下以後，健兒們算是得到了一次大休息，部隊也利用這個時間重新編整，新一軍劃分成兩個軍，孫立人將軍任新一軍軍長，統率新三十師，新三十八師，和五十師；撥出新二十二師和十四師成立新六軍，歸廖耀湘將軍統率；後者在從孟拱出兵佔瑞姑之後，便奉調返國，前者繼續揮戈南下，完成打通中印公敵，分四路向我軍正面鑽隙滲進，敵我曾一度陷於混戰，但竄入的敵軍不久卽被全數消滅。這時孫立人將軍看出來敵兵力的雄厚和企圖的積極，速將在曼西警戒的八十九團，星夜調赴前線，又由八莫方面抽調新三十八師的一個加強團，由陳鳴人上校率領爲軍左側獨立支隊，對南坎方面敵軍的右側，作祕密深遠迂迴行動，向敵右後方施行截擊，敵軍似乎已察知我軍正面兵力雄厚，同時他們明白要制勝必先制高，乃在十四日將主力轉移到右翼，向我五三三八高地猛烈仰攻，一日之間，發射出三千多砲彈，九十團第三營陣地完全被毀，營長王禮宏壯烈犧牲；一陣砲擊之後，步兵卽以密集隊形作自殺式的連續衝鋒，我們雄踞在山上而的輕重機關槍，衝鋒鎗，步槍一齊叫囂起來，第一隊的敵人倒下去，第二隊跟着上來，接着第三隊，第四隊……他們好像發了瘋，甚至後一隊的人，竟拿前一隊剛剛倒下去的「戰友」，作爲一剎那間衝鋒前進的掩護，這樣不分晝夜一連衝了十五次，都被山上的火舌吞噬了；最後，他們是力也完了，氣也竭了，也傷亡成很多險惡的水灘，水深平均在一丈五尺以上。迂迴部隊沒有因爲雨，冷，和江水的險惡，遲緩他們的行動，連夜冒着大雨渡過瑞麗江；過江之後，困難越發的增加，東岸山巒更陡，泥濘路滑，馬匹跌死很多，和雨季中在孟拱河谷所遭遇的困苦情形差不多！爲了任務，大家都忘記了艱辛，八九團從西南朝東北緊緊的把南坎西南面的缺口堵住，一一四團便向南伸展，截斷南坎以南的公路，斷絕敵人的後援和補給。

南坎谷地內，大家都預料到不會有大的戰事，問題只是在四圍的山上，到了四圍的制高點都被我軍奪取之後，向南坎腹地挺進的我軍，更顯得活躍了。十一日，新三十師正面攻擊部隊已將茅塘敵軍陣地突破，九十團的主力順着瑞麗江北岸祕密南下，乘着大霧迷濛偷渡過江，和八十九團作內線平行運動；十四日，這兩個團都到達南坎西南一帶六千尺以上的森林地區，南下會師停當，一個從背後一個從側面直撲南坎，十五日早晨，南坎河谷又撒滿了一場濃霧，担任側面攻

廿三　攻略新維

新三十八師主力會攻芒友時，孫立人將軍為求迅速解決芒友區的五六師團，使敵對滇西緬北無路增援，早日決定緬北戰局；即以一一四團採用避實就虛的戰法，越過拔海六千尺的高山，向南巴卡突進，將至臘戍的芒友敵後公路截斷。又令新三十師加緊圍攻老龍山區核心陣地內的敵軍。一月二十八日，正當滇緬兩軍在芒友舉行會師典禮的時候，新三十師已將老龍山區殘敵全部肅清；同時向南巴卡截路的一一四團也一舉將路標八十二哩附近地區佔領，五六師團殘部整個被包圍在芒友以南及南巴卡以北一帶地區裏，拚命向南突圍。這時在新維以北的敵第二師團為着解救「友軍」的圍困，向北發動猛烈攻擊，打算和五六師團南北夾攻，一舉擊破我軍截路部隊。一一四團健兒兩面應戰，沉毅果敢，毫無懼色。二十九

附錄

駐印軍緬甸作戰經過

——轉載自印緬遠征畫史（民國三十六年上海時代書局印行）

一、中國遠征軍與中國駐印軍

抗戰中，中國有兩次遠征軍和一次駐印軍。

第一次遠征軍，是在一九四二年春間，從雲南沿滇緬公路進入緬甸，參加保衛緬甸之戰，它的正式稱呼，是中國遠征軍第一路。因爲當時日軍南進攻勢如火如荼，國軍爲配合盟軍作戰，有另出第二路遠征軍去泰越，甚至有出第三路遠征軍渡海去參加南洋各島戰爭的可能，所以第一次的遠征軍便加上了一個第一路的頭銜。但是一般人對於這個頭銜往往加以忽略，只稱之爲中國遠征軍，或中國入緬遠征軍。司令長官是羅卓英將軍。

中國駐印軍是緊接着中國第一路遠征軍的結束而產生的。因爲當時印度沒有戰爭，中國軍隊駐在與國不能稱作遠征軍，故改稱駐印軍（C. A. I.）。本書所紀的新一軍，便是這枝勁旅的主角。駐印軍後來雖反攻入緬，但它的名稱依舊不改，一直到打通中印公路，班師回國，它仍然保持着原有的字號。

第二次遠征軍，成立於一九四四年駐印軍反攻緬甸的初期，任務是從雲南西部向緬甸反攻，與駐印軍裏外呼應。司令長官起初是陳誠將軍，後來是衞立煌將軍。報章上多稱之為滇西國軍或滇西遠征軍，他們在怒江兩岸，騰衝、松山、龍陵等處，立下許多光榮的戰績，並且光復舊滇緬公路，與駐印軍在芒友會師。

二、第一次入緬遠征軍

一九四一年十二月八日，日本軍閥為深陷泥淖的「中國事件」尋謀出路，不顧一切發動狂猛的南進攻勢，一種賭注性的閃擊攻勢，使太平洋上風雲色變！次年二月十五日星加坡陷落以後，日軍鐵蹄便踏入了中南半島，長驅入緬。它這一戰略的目的，在澈底打擊英國殖民地軍隊，並割斷當時我國唯一的對外國際交通線——滇緬公路，故以三十三、五十五和第十八三個師團的兵力分路北犯，來勢兇猛！

三月七日，仰光失守，國軍應英國的邀請，即以駐滇的第五軍，第六軍及第六十六軍開入緬甸增援。內中新三十八師和新二十二師，便是後來轉入印度，組成駐印軍的基本部隊。

三、駐印軍的產生與新一軍的成長

第一次緬甸之戰，由於英國的作戰準備不夠，和我國遠征軍入緬過遲；雖然有我第五軍扼鎮中路迭摧頑敵，新三十八師更於仁安羌建立奇勛，破敵萬衆，援救英軍七千餘人出險，使敵攻勢頓挫；但大勢所趨，對整個戰局的發展亦不能挽回，緬甸終於淪陷。

當時緬甸英軍和國軍分入印和入滇兩路撤退，新三十八師秉仁安羌大捷的餘威奉命殿後，掩護全軍後撤。它在色格、溫早、米咱、卡薩、旁濱等地，經過十幾次的浴血苦戰，漸漸孤軍落後，彈盡糧絕！後來全師官兵忍飢挨餓從深山密林中取捷徑向印度兼程轉進，於六月八日全部到達東印度邊境的英法爾，才算是脫離戰場。

六月十四日，爲聯合國紀念日，印度首府德里舉行盛大閱兵典禮，各聯合國駐印軍隊均被邀參加，新三十八師亦奉派以步兵一排代表中國軍隊出席。我軍爲新離戰場而立有特殊戰功的部隊，故大受各方歡迎與重視，中國官兵的聲音笑貌爲聯合軍民另眼相看。檢閱中，中國隊軍容壯盛，步伐整齊，精神奮邁，表現成績爲全場之冠，閱兵官講評列爲第一。印度總督即晚在總督府歡宴中國代表隊，席間對中國軍隊的精神與訓練備極讚揚。印度各報均以顯要地位著論，一致認爲中國軍隊初入印度，以一久戰疲師，征裝未解，竟能在檢閱中壓倒十一個國家，獨露鋒鋩，具見中國軍隊素質優良，無怪其在仁安羌能以一千人的兵力，擊敗七倍的敵軍，救出七倍的盟友，誠爲世界上第一流的軍隊。從此以後，英印軍民均對國軍表示敬慕和愛戴，立下了中國駐印軍光榮的基石。

新三十八師在東印度休整月餘，即開駐比哈爾省的藍伽軍區。原來取道回國的新二十二師，因敵軍已深入雲南，便亦轉道入印，在蠻荒的野人山中輾轉三月，飽受艱辛，他們到達列多後只稍事休息，亦即轉往藍伽集中整訓。

八月，中國駐印軍正式產生，中國戰區參謀長史迪威將軍受命爲總指揮，羅卓英將軍爲副總指揮。

一九四三年春，羅卓英將軍調任國內要職，統帥部將新三十八師、新二十二師及在印度成立的新三十師合併編成一軍，是爲陸軍新編第一軍。以鄭洞國將軍爲軍長，孫立人將軍爲副軍長兼新三十八師師長，胡素將軍爲新三十師師長，新二十二師師長仍爲廖耀湘將軍。步兵之外，又從國內調去及在印度成立了幾個砲兵團、工兵團、汽車兵團、騾馬輜重兵團、獨立步兵團、戰車營、高射砲營、兵工營、通信營、特務營、憲兵營、和人力運輸部隊等。胡康河谷進軍後，新一軍又增加了第十四師和五十師兩支勁旅，陣容益形強大起來。

四、反攻緬甸戰鬥經過

反攻緬甸之戰，實際上在一九四三年三月間即已開始。新三十八師以一部兵力爲先鋒隊，負有消滅或逐走侵入東印度邊境和盤踞在野人山上的敵軍，以掩護工兵修築中印公路初程的任務。十月底，先鋒隊結束了這一序幕的戰鬬，將號稱精銳的日軍第十八師團趕下野人山，殺入胡康河谷。當時因爲我軍兵力單薄，後方沒有交通路線，補給困難。雖然賴有空投，而天時氣候限制了飛機的活動，空投糧彈也不十分可靠！作戰部隊除掉顧慮敵情而外，還要預防毒蛇猛獸螞蝗瘧蚊的侵襲，和迷途絕糧的危險。森林中沒有路，大家都仗着刀斧在那裏開天闢地，其艱苦情形，眞是無法說出！

除夕前夜，新三十八師於惡戰後攻下于邦，後續部隊才陸續增加上來。

一九四四年二月，新三十八師取得太柏家，新二十二師也攻克太洛，兩下夾擊孟關。三月九日，瓦魯班大捷，結束了胡康河谷的戰鬥。

孟拱河谷地形狹隘，兩旁又是懸崖絕壁高不可仰的庫芒山，敵軍深溝高壘，以逸待勞，使我軍攻擊遭受相當阻滯，四五兩月進展比較遲緩。五月下旬我軍變換戰術，出奇制勝，使戰事有了飛躍的進展。新三十八師一一二團在兩季中江水陡漲的時候，一舉偷渡過南高江，截斷加邁敵軍後方交通，奪獲敵軍在孟拱河谷所有的補給倉庫，使孟拱河谷的敵軍整個動搖，加速崩潰；這便是有名的西通之役。這一仗，日軍曾用三個聯隊的兵力，向該團三面圍攻，反被擊滅大半。我軍乘勝猛進，於六月十六日取得加邁，二十五日佔領孟拱，前後不到十天，連克兩大重鎭。

與孟拱河谷戰事同時進行的密支那攻城戰，自五月十七日起，我軍第五十師、新三十師和十四師的一部，與美軍一團組成的中美混合部隊，開始攻略市區，日軍施行「自殺防禦」，以致街市戰延長達八十多天。八月四日，我軍攻下密支那，反攻緬甸的第一期攻勢作戰，至此告一段落。

在攻勢暫停的兩個月中，駐印軍的人事和組織都有重大的變動。史迪威將軍奉調返美，索爾登將軍繼任駐印軍總指揮，鄭洞國將軍為副總指揮。新一軍亦於此時劃分成兩個軍、新一軍及新六軍。新一軍統轄新三十師、和新三十八師，新六軍統轄第十四師五十師和新二十二師。孫立人將軍任新一軍軍長，廖耀湘將軍任新六軍軍長。各師師長除五十師和十四師仍為潘裕昆龍天武兩將軍外，第一一四團團長李鴻和新二十二師副師長李濤分別升任新三十八師和新二十二師師長，新三十八師副師長唐守治繼胡素將軍出長新三十師，各師副師長和各團團長也有一番更動和調整。

十月初旬，緬北雨季終止，駐印軍發動第二期攻勢作戰。新六軍於加邁出兵佔領瑞姑之後，除五十師改隸新一軍外，其餘全部空運返國，參加國內戰場反攻；新一軍繼續挺向八莫，揮戈南下，完成打通中印公路的任務。

十一月十七日，新三十八師猛攻八莫，日軍據險死守，再以「自殺防禦」戰術阻止我軍，我軍緊密包圍，逐碼前進，於十二月十五日突入敵陣，將守敵完全殲滅，繼續南下。新三十師在向南坎挺進途中，於卡的克高地與日軍新自朝鮮調緬的四十九師團主力遭遇，激戰五日，敵軍以密集隊形瘋狂衝突，被我軍盛熾火力，消滅過半。

一九四五年一月十五日，新三十師攻佔南坎，二十七日，新三十八師克復中印公路與滇緬公路的交叉點芒友。二十八日，駐印軍與滇西遠征軍在芒友舉行會師典禮，史迪威公路至此全程暢通。

史迪威公路打通後，新一軍又為策應英軍在下緬推進，和確保國際通路安全的任務，再向緬中進軍。二月二十日，新三十師克復新維，三月八日，新三十八師攻下臘戌，同時，由卡薩南下的五十師也一連取得萬好、南杜、西保等重要據點。三月三十日，最後一仗，攻克喬美，結束了國軍遠征的戰鬥。

反攻緬甸作戰時間，整整兩年，拿抗戰八年來比較，並不算長；但兩年間健兒們一直都是在戰場上苦拚惡鬥，除在密支那休息兩個月外，其餘便從沒有絲毫休息的機會，造成世界長程不斷作戰紀錄！在那些沒有人跡的叢莽裏，不知世面，少見天日，以森林作帳幕，以荆棘汚泥作戰場，爬高山、渡深水、從際遇的艱苦，因而倍覺歲月的悠長！

綜計前後兩期攻勢作戰，新一軍先後擊潰日軍第二、第十八（曾補充十五次）、第四十九、第五十三、第五十六等五個師團，和三十四獨立旅團，及其他特種兵部隊。斃敵三萬三千零八十二人，其中包括三個聯隊長和其他高級軍官。傷其七萬五千四百九十餘人，俘虜田代一大尉以下官兵三百二十三人，敵軍幾乎是等於全軍覆沒。我軍和敵軍的傷亡比例是一比六強。擄獲步槍七千九百三十八枝，輕重機關槍六百四十三挺，大砲一百八十六門，汽車五百五十二輛，火車頭及車廂四百五十三節，坦克車六十七輛，飛機五架，倉庫一百零八所，金屬器材二萬餘噸。佔領公路六百四十六英里，鐵路一百六十一英里，解放被日軍佔領的區域在五萬平方英里以上。

孫立人將軍參觀歐洲戰場記

衣復得上校口述
沈敬庸少校筆記

按語：民國三十四年五、六月間，第二次世界大戰歐洲戰爭甫行結束，孫立人將軍應盟軍統帥艾森豪將軍邀請，前往歐洲戰場參觀，隨行祇有衣復得上校一人。當時孫將軍訪問歐洲戰場，校閱盟軍部隊，備受禮遇，可以說是中國軍人受到國際最高的榮譽，惟訪問經過實情，外人很少知道。四十二年春，孫將軍任中國陸軍總司令，敬庸承乏記室，認為這件事有史料留存價值，遂主動徵得衣復得上校同意，在其臺北新生南路寓所，由其口述，余遂紀錄下這段史實，當時曾經繕呈一份給孫總司令核閱，一直留存在孫府。本文是在舊笥中留下的底稿，文中敘述的人事和語氣都是以四十二年衣上校口述時所紀錄的。現孫立人將軍已作古，衣復得上校在美西養病，語齒已不清晰，特檢出此文發表，以申懷念之情。

三十四年二月二十日，新一軍三十師攻克舊滇緬公路上的重鎮新維，當面的日本部隊已潰不成軍，臘戍指日可下，眼看緬甸戰事就要結束。不過在中國戰區，對日作戰還有一段遙遠艱辛的路程。這時孫立人將軍料想到中國駐印軍在印緬戰事結束之後，勢必調回中國本土，繼續對日作戰，展望前景，不能不早作準備。

孫立人將軍率領新一軍，自三十二年冬開始由印度反攻，經過一年多與頑強的日軍苦戰，終於殺出野人山，克服胡康、孟拱河谷，打通中印公路，戰績輝煌。惟作戰地區僅限於峻嶺深谷叢林泥沼之中，純爲叢林戰（Jungle Warfare），將來調回中國本土作戰，却係大規模的平原戰，在地形戰術以及大兵力運用等方面，均與印緬叢林作戰不同。孫將軍有見於此，這時已經考慮到，以其在印緬叢林作戰的經驗，恐不足以適應將來在中國本土平原作戰的需要。

這時正是初春時分，天氣溫暖。戰後的新維城，雖然到處都是頹垣殘壁，不過由於日軍沒有強烈抵抗，城內尚存留有許多完整的民房，老百姓因爲戰事早都跑光了，軍隊官兵分住在民房裡。在這一年多中，遠征印緬健兒，天天在那些沒有人跡的原始森林裡，馳騁於峯嶺溝壑荊棘之中，冒着強烈炮火，在槍林彈雨中與頑強的日軍搏鬥，斬關奪寨，從來沒有好好休息過，現在打到國門，駐進民家，倍覺溫暖舒適。新維四周高山聳立，南杜河橫貫其間，河山妖姣，景色秀麗，在轉戰萬里的將士心目中，展現出一片好風光，也給他們帶來美好的新希望。

從新維南下臘戌只有三十二英里，攻擊部隊攻克新維之後，迅即沿着公路和兩旁的山地，分開三路向前推進。三月五日晚，各路大軍，勢如驟風暴雨，攻佔老臘戌、飛機場與火車站，殘敵紛紛退入新臘戌陣地。臘戌地區分爲老臘戌和新臘戌，新臘戌位於海拔三千尺的高地，可以俯瞰老臘戌和火車站。當孫將軍陪同盟軍緬北戰區總指揮索爾登中將（Lt. Gen. Sulton)來到前線視察時，退守新臘戍高地的敵軍，看到有幾輛吉普車在老臘戍街道上急馳，知是盟軍高級將領前來巡視，砲彈隨即落下，當時局面甚為驚險，也給緬甸戰事平添一段佳話。

孫立人將軍與索爾登中將回到新維城軍部，兩個人坐下來，談論中國駐印軍完成緬北戰事之後，將來調回中國本土繼續對日作戰問題。索爾登中將遂建議孫立人將軍最好先至歐洲戰場觀摩盟軍對德作戰的實況，以供來日對日軍作戰的參考。這一番話正好解答了孫將軍近日來一直縈繞在心頭的問題。

此時，盟軍在歐洲戰場作戰已近尾聲，德京柏林指日可下。索爾登中將此一建議，首先獲得美國陸軍部核准，再由艾森豪統帥備妥邀請函，送達華府，美國陸軍部始正式行文，將艾帥邀請函於四月初送達緬北，由索爾登中將轉交給孫立人將軍。孫將軍接到艾帥邀請函後，立即乘軍機飛往戰時首都重慶，向蔣委員長報告緬甸作戰勝利情形，以及駐印軍將來調回國之作戰計劃；同時報告盟軍統帥艾森豪邀其赴歐洲戰場參觀的事，向蔣委員長請示。這時索爾登中將與魏德邁將軍都在重慶開會，大家談到這件事，一致認為有此必要，蔣委員長聽到非常高興，當即予以批准。

五月初，孫將軍由重慶經密支那回到緬北軍部，適值德軍於五月八日正式向盟軍無條件投降。孫將軍回到軍部之後，一方面將軍中重要事務作個交待，同時由緬北美軍司令部安排赴歐參觀行程，一切辦理妥當之後，孫將軍遂於五月十七日由密支那乘專機啓程，英文秘書衣復得上校隨行。當日抵達印度加爾各答（Calcutta）停留兩日，稍事整理行裝。

五月二十日　由加爾各答乘美方軍用專機向西飛行，途中經過印度佛教聖地蓋亞(Gaya)及艾格拉（Agra），至印度首都德里（Delhi）小停，繼續西飛，午後降落喀拉嗤（Karachi）。換機續飛九小時，抵達伊朗著名油田區艾巴登（Abadan）。五月天氣，溫度達到華氏一百二十度，下機之後，汗流不已。當由該地美空軍基地司令招待晚餐，室內有冷氣設備，大吃牛排。飯後，繼續航行七小時，飛抵埃及首府開羅（Cairo），在北非最大的拜尼（Payne）機場降落，美國派有軍官在機場接待至貴賓室休息。

五月二十一日　經過昨天日夜不停飛行二十多個小時，身心感到疲乏，加以戰時軍用機又無避音及其他旅行設備，今天猶感耳鳴頭暈，遂在開羅休息一天。乘此機會順道拜候我國駐埃及許公使念智，並由其導遊埃及金字塔，及中英美三巨頭蔣委員長、邱吉爾首相與羅斯福總統在開羅開會的會場米納賓館MENAHOUSE，這地方原是開羅最大的一個旅館，而今已成爲歷史名勝所在。

五月二十二日　清晨由開羅乘專機起飛，經希臘古都雅典（Athens）稍事休歇後續飛，下午六時，降落意大利之那普拉斯Naples。該地英軍統帥爲現任美國國防部長亞歷山大伯爵（Gen. Sir Alexander）的防地。亞歷山大伯爵曾任遠東英軍統帥，在印緬作戰時，與孫將軍係並肩作戰的戰友。他對孫將軍在緬甸仁安羌一役，解除被圍的英軍第一師，救出英軍官兵七千餘人，至爲感佩。後來緬甸戰局逆轉，孫將軍率師退至印度，亞歷山大伯爵盛情熱烈招待，因此兩人便成了極好的朋友。這次亞歷山大伯爵聽到孫將軍路過那普拉斯Naples，便派員至機場迎接，邀請孫將軍在意大利多停留三天，看看他的部隊，同他在一起談談。孫將軍因急於要去看艾帥，而且行程已經排好，不便更改，遂前往拜候亞歷山大伯爵，兩位老友重逢，晤談甚歡。孫將軍說明不能多留原因，請他諒解，惟望回程時，能在此地多停留幾天。

五月二十三日 清早乘專機由那普拉斯Naples起飛，經意京羅馬Roma，及法國名城馬賽（Marseille），於下午五時飛抵巴黎（Paris）。下機後，盟軍統帥艾森豪·威爾將軍派人在機場迎接，招待至艾帥私人在巴黎之旅社Hotel Raphael住下。禮賓官說明艾帥現在德國受降，不能親來迎接。

五月二十四日 拜候我國駐法大使錢泰先生。錢大使導遊巴黎名勝，並設宴款待，相談歐洲局勢甚詳。

五月二十五日 到美軍各單位接洽，安排參觀歐洲戰場的行程。順便赴巴黎各地觀光。

五月二十六日 繼續與美方接洽，參觀歐洲戰場日程，並遊覽巴黎風光名勝。晚間，孫將軍應邀參加美國高級軍官在旅邸舉行的盛宴，同席有美國勞軍團團員電影名星葛瑞絲·凱麗（Grace Kelly），大家相聚飲酒跳舞，談笑甚歡。

五月二十七日 清晨，衣復得上校下樓早餐，在餐廳又邂逅葛瑞絲凱麗，葛姬開口就問：「孫將軍怎麼沒來早餐？」衣上校答稱：「他仍在房間盥洗。」葛姬說：「孫將軍給我一個好印象，英俊瀟灑，我很愛慕他。」衣上校問葛姬行程，葛姬答說：「他們今天去西班牙前線勞軍。而孫將軍今天也要前往艾帥總部所在地佛蘭克福，乃相邀到倫敦再會，事後葛姬不幸意外喪生，深爲遺憾。

五月二十八日 上午前往艾帥總部拜會艾帥。艾帥總部設於佛蘭克福之I. G. Farben化學公司內，該公司是德國化學工業的托拉斯，規模之大，舉世無匹。

孫立人將軍抵達艾帥總部時，艾帥親自接待會見，並爲孫將軍舉行會報（Briefing），由盟軍統帥部參謀部門報告歐戰經過。當時美方高級將領在座的，有艾帥參謀長史密斯中將（Lt. Gen. WALTER BEDELL SMITH），史密斯中將曾代表盟軍受降，並任佔領區軍政府（Military Government）長官，後來調任美駐蘇聯大使，現任美國副國務卿，葛萊將軍（Gen. Clay）還有後來曾任美駐華顧問團團長的巴大維少將（Maj. Gen. David Barr），他現在任美國陸軍裝甲學校校長。會報之後，並與盟軍統帥部各參謀部門接洽參觀歐洲戰場及盟軍的節目，歷時兩個多小時。

孫將軍對於這次與艾帥會晤，事後曾作如下的記述：「第二次世界大戰歐洲聯軍統帥艾森豪威爾將軍，於一九四五年德國投降後，邀余參觀歐洲戰場，余應邀前往，晤之於德國佛蘭克福。時兵火甫息，戰跡猶存，於抵掌之餘，獲觀摩之效，將軍厚意，至可感也。竊嘗思之，將軍受命於危疑震撼之秋，指揮龐雜疲憊之衆，而能三軍用命，迅奏膚功，蓋必有故。余於佛蘭克福小作盤桓，始知其人素養之深，有不可及者。各國會師歐陸，齟齬常興，將軍輒勒抑其本國部屬，以是友軍相處，終得翕如。『師貴和』，其此之謂乎？將軍老成深算，統顧全局，諾曼底登陸，一舉成功，直擣柏林，而歷屆戰役，凡有建樹，輒歸功於當地將士，略無矜伐之意，胸懷坦蕩，廓然有容，以是萬衆歸心，樂於效命。將兵難，將將尤難；將軍有之矣。」

五月二十九日 清晨乘汽車出發，到達美十二方面軍（12th Army Group）司令部所在地威斯柏登WIESBADEN，當時任十二方面軍司令，就是現任美國三軍參謀首長聯席會議主席普萊德雷將軍（Gen. Omar N. Bradley）。到達司令部之後，由普萊德雷將軍（Gen. Qmar. N. Bradley）親自迎接，先看美軍最高作戰組織，並舉行會報，由十二方面軍高級參謀，分別報告該軍在歐洲戰場的情報、作戰以及補給情形。繼與各參謀部門負責人分別討論作戰實況。當晚即宿於威斯柏登WIESBADEN。該地以溫泉聞名，風景優美，戰前是德國休憩療養之區。

五月三十日 由威斯柏登WIESBADEN 乘車向東北行，至美十五集團軍(15th Army)司令部所在地巴德魯赫BAD NAUHEIM ，軍長葛柔少將（Maj. Gen. Leonard T. Gerow），是孫將軍在美國維吉尼亞軍校的同學，招待極爲親切殷勤，整天陪同參觀，在一起談天在一起吃飯，晚間邀請孫將軍住在司令部裡，司令部原是一個大旅社，居住甚爲方便。

五月三十一日 上午乘葛柔軍長（Maj. Gen. Gerow）的聯絡專機，飛往法比交界安欽AACHEN與柯恩KOLN一帶，低飛俯瞰德國賽格佛瑞德國防線（Siegfried Line），賽格佛瑞德國防線與法國馬其諾防線齊名，聯絡專機飛得很低，地面看得很清楚，德國賽格佛瑞國防線的雄偉態勢依舊，惟給盟軍飛機破壞得很澈底，沒有一處堪以使用。飛機沿萊茵河（Rhein River）低空飛行兩小時，所看到的幾十個橋樑，沒有一座橋樑是完整的。這次空中俯瞰觀察，感到很有收穫。

繼而換乘專機向北飛，至柏恩施維格（Braunschweig）美第九軍司令部，軍長辛浦遜中將（Lt. Gen. William H. Simpson），軍參謀長穆爾少將（Maj. Gen. Moore）。在這裡很巧遇到三十八師前美軍第一任總聯絡官 Col. Black 是美國西點軍校畢業生，他在緬北因翻車受傷，回國療養，傷癒調至第九軍司令部服務，戰地朋友，異地相逢，倍覺親熱，他慇懃招待至爲可感。這時歐戰剛結束未到一月，此地是美軍集散處。歐洲戰場美軍大部先在這裡集中，一部返回美國，一部調往太平洋戰區。對在第九軍管轄下的部隊官兵達到九十萬人之多。因爲部隊人數太多，而且都在調動之中，故沒有去看步兵部隊。在軍部會談之後，到柏恩施維格 Braunswigs 南邊的伍爾佛恩柏特（Wolf Enbüttel）去看在德國作戰最有名的第二裝甲師，師長是懷特少將（Gen. White），後來曾任美國裝甲兵學校校長，現在韓國任美軍軍團司令。他對孫將軍在印緬的戰績，非常敬佩，特別把他裝甲師的全部裝甲車擺出來，請孫將軍檢閱，先是逐排看那整齊雄偉的裝甲隊伍，繼舉行閱兵式，有一團裝甲分列行進，並由他師部的高級官員陪同檢閱，場面非常盛大莊嚴。當晚即宿於此一個小村上，四週環境非常優美。

六月一日　上午驅車到達艾爾瑞契（Ellrich），這裡是美第五裝甲師前進指揮所，指揮官是安德生上校（Col. Anderson）他們是佔領德國製造V1,V2飛彈工廠的先頭部隊。德國製造V1,V2 飛彈的魯德海森（Nordhausen）大兵工廠，完全在山洞裡。山洞是從岩石中挖出來的，有三十幾尺高，裡面佔有幾英畝的面積，空氣乾爽，地面鋪設有鐵道，製成功的飛彈完全是用火車運輸，我們看到堆積在裡面的V2飛彈有二十幾尺高，直徑有七八尺長，在裡面堆積的很多，都是一個一個直立排列着。出入口有很好的僞裝網，聯軍雖曾經派飛機去轟炸多次，但都沒有炸到要害。

下午驅車東南行，到美國第七軍（7th Corps）司令部所在地賴普滋格（LEIPZIG），當時第七軍軍長就是現任美國陸軍參謀長柯林斯將軍（Maj Gen. J. Lawton Collins），當時他的參謀長是現任美國陸軍部第二廳廳長巴垂奇（Brig. Gen. Patridge），當晚未看部隊，在一起同進晚餐，談了一陣，住了一宿。

六月二日 上午驅車至桑敦赫森（Sondanhausen）看第七軍的軍砲兵團（7th Corps Artillery），都是口徑最大的砲。看畢，繼續南下，到達厄爾南根（Erlangen），這裡是美國第三軍（3th Corps）後方司令部所在地，軍長是聞名於世的巴頓將軍（General George S. Patton, Jr.）他本人在前方視察部隊。由其派員招待，夜宿於此。

六月三日 清晨由第三軍派一位軍械官陪同，繼續南下，順道察看美軍機動部隊坦克車輛的補給中心。經過納粹黨發源地幕尼里Munich 看到美軍俘獲德軍大砲。再南行，經過寧柏格（Nninbeig），這裡是戰後盟國審訊戰犯的地方。

第三軍前方司令部是設在阿爾卑斯山脚下的一個小村上，名叫柏德陶爾滋（Bad Tolz）巴頓將軍的大本營設在過去納粹黨青年營的四方形大樓上。我們乘汽車沿國道急駛，行至離開第三軍軍部二十英里的地方一條交叉路上，巴頓將軍派有四輛摩托車在前開導，抵達軍部，第三軍參謀長曼道格斯（Brig. Gen. Maddox）率領儀隊一連在營前歡迎。走上軍部的四方大樓，就看到巴頓將軍。孫將軍與之握手寒喧後，巴頓將軍就叫他的衞士，從他的辦公桌上，拿出一支手槍，指示給孫將軍看，他的手槍每邊有四顆星，還有他的身上穿的軍服肩領上配帶有二十顆星，他說他爲了這次從三星中將升到四星上將，所買的金星一共就有一百二十八顆。其豪邁爽快，誠如外間所傳聞。同席午餐，妙趣橫生。他認爲蘇聯這樣蠻橫無理，與其等待來日和他打仗，不如乘現在將他一次解決，以免遺禍後代。他說：「只要給我充足的汽油，我便可以率領我的裝甲部隊，直搗莫斯科。」飯後，巴頓將軍陪同孫將軍至司令部附近看德國俘虜做工，巴頓將軍看到德俘有不敬禮的，他就大罵他們，聲色俱厲。

在這裡遇到戰時美駐華大使赫爾利先生的義子，當時他還是個上尉，對我們招待非常慇懃，晚間，我們住在山間柏樹林裡，環境非常幽靜，夜聽柏樹濤濤之聲，遙望阿爾卑斯山上的白雪皚皚，連日來的風塵爲之洗淨。

六月四日 上午到凱尼奔仁（Kanebenren）美第三十六師司令部，看到師長德爾奎斯特少將（Maj. Gen. John E. Dahlquist）及參謀長史塔克（Brig. Gen. Stock），繼至野外看該師戰鬥演習。今天天氣晴朗，風和日麗，演習完畢，即在樹林裡午餐，別有一番戰地風味。

下午驅車到達海格斯柏格（Augsburg），美國第七軍團（7th Army）司令部所在地，軍團司令是海斯立普少將（Maj. Gen. Haislip），在這裡我們第一次看到德國製造的噴汽式飛機，當我們詢問德國工程師製造噴汽飛機的情形時，他們當時表示，都很想到中國來工作。

六月五日 飛回艾帥總部所在地的佛蘭克福（Frankfurt）。

六月六日 在佛蘭克福休息一天。

六月七日 清早由佛蘭克福驅車南下，到赫德柏格（Heidelburg），美國第六方面軍（6th Army Group）司令部設在這裡一個小山上，風景美麗。方面軍司令是戴伍斯將軍（Gen. Jacob L. Devers），參謀長是巴爾（Maj. Gen. Barr），主管作戰的第三處處長任克斯（Gen. Jenkens）是現在韓國作戰的美第十軍（10th Corps）軍長。

赫德柏格（Heidelburg）是德國文化古城，赫德柏格（Heidelburg）大學有五百多年歷史，是世界上最古老的大學之一。赫德柏格（Heideiburg）城戰時受盟機破壞最輕，順道遊覽德國此一古都及古老學府，觀賞德國文化風光，遂在此留宿一宵。

六月八日 清早乘專機，飛往德國瑞士交界處林大（Lindau），去看法國第一集團軍（1st Franch Army）。飛至德瑞邊界，駕駛員不熟習機場位置，找不到林大在甚麼地方。還是衣復得秘書發現到包登西（Bodansee）湖，再從地圖上看到林大是在湖的東南端，這樣才平安降落。孫將軍下機後，便對衣復得上校說：「這位駕駛員連機場在什麼地方都找不到，還不如把他打發回去，我們回去另坐別的飛機。」於是便請這位駕駛員先回去了。下機後，法國第一集團軍軍長塔西尼上將（Gen. Tassigni）前來迎接，陪同檢閱法國第四山地師（4th Mountain Division）裝備，法國第四山地師是特種部隊，都是裝甲配備，戰力強大。林大這地方是歐洲有名的風景區，世人前往遊覽療養的很多。繼到德國與奧地利國交界處海斯丁（Hesdin）看法國的戰車部隊，備受熱烈招待。

六月九日 看畢法國第五裝甲師的戰車部隊。當天乘汽車回至佛蘭克福。

六月十日 在佛蘭克福休息一天。這天恰逢艾帥招待蘇聯朱可夫元帥，舉行大規模的閱兵典禮並領授勳章，參加這次閱兵典禮的飛機，就有一千五百架，其中包括各種各式的戰鬥機與輕重轟炸機。當天我們住在城外一個賓館，看到蔽日的飛機，成群結隊飛過，蔚爲壯觀。午間曾應艾帥參謀長格萊將軍（Gen. Clay）在城外司令部設宴款待。

六月十一日　乘專機飛往拜德歐海森（Bad Oeynhausen），美國第二十一方面軍（21th Army Group）司令部所在地，蒙哥馬利將軍（Gen. Montgomery）與其高級幕僚在一起餐敍。談到德軍於五月四日向蒙哥馬利元帥投降情形，大家興致高昂。

六月十二日　專機飛到荷蘭的艾帕道恩（Apeldoorn），這裡是加拿大第一集團軍（1st Army Group）司令部所在地，小城湖邊，風景絕佳。軍長是克瑞拉將軍（Lt. Gen. H. D. G. Crerar），戰後出任加拿大參謀總長。孫將軍由克瑞拉軍長（Lt. Gen. H. D. G. Crerar）及高級官員陪同，先看法軍俘獲德軍的各式各樣的武器，歷兩個多小時，繼看加拿大第一軍所屬的第三師，師長是傅克斯將軍（Lt. Gen. Foulkes），戰後也曾做過加拿大參謀總長，現任加拿大駐北太平洋聯盟的軍事代表，克瑞拉軍長（Gen. Crerar）以上賓之禮招待孫將軍，吃飯時軍樂在一旁演奏，禮儀極爲隆重。晚間孫將軍在一節火車上住宿，這節火車有三十多尺長，裡面有客廳浴室，設備週全舒適，是荷蘭一個有錢商人，專門設計做好送給希特勒，作爲希特勒私人專車，現在停在湖邊，用以招待貴賓，貴賓英文簡稱V.I. P.因而克瑞拉軍長給希特勒這節專車一個綽號叫做毒蛇窟，就是在V.I.P.之後加上E.R成爲毒蛇，（VIPER）後面再加上（DEN），連在一起成爲毒蛇窟（VIPER DEN），有雙關涵義。衣復得秘書住在荷蘭一個貴族的公館裡。自是以後，孫將軍與克瑞拉軍長（Gen.

Crerar）成了很好的朋友。

六月十三日　由荷蘭乘車經比利時京城布魯賽爾（Brussel）回到法京巴黎，沿途二百多英里，看到道旁砲彈堆積如山，綿延不斷。巴黎城外跑馬廳擺放的裝甲車簡直一望無邊，有一處擺放的輪胎有六十萬條。

六月十四日　在巴黎近郊，參觀美軍後方補給機構。孫將軍與美軍後方補給司令李約翰（Maj. Gen. John. C. H. Lee）及其各級幕僚，詳細研究美軍後方補給機構組織，並參觀各種武器彈藥倉庫。

六月十五日　繼續參觀美軍後方補給機構並參觀各種武器彈藥倉庫。

六月十六日　乘軍機飛行一小時，到達奧塞瑞（Auxerre），這裡是美軍十三傘兵師所在地，師長是查登少將（Maj. Gen. Chamdan），陪同孫將軍在這裡看傘兵降落表演，空投大砲及砲彈，並在這裡第一次看到五七及七五無後座力戰車防禦砲，最後有滑翔機表演，衣復得秘書曾乘滑翔機試飛一次。至此，參觀歐洲戰場的日程完滿結束。

六月十七日　乘專機由巴黎飛往倫敦，途經卡堡半島（Cherbourg Peninsula），巡視盟軍在諾曼第登陸情形。盟軍登陸諾曼第，是在一九四四年六月六日，距我們去觀看的時候，還不到一年時間。沿海岸工事破壞的情形，仍歷歷在目。港口被炸壞的船隻，還有許多漂浮在海面上，可見當時戰鬥慘烈。當晚飛抵倫敦。

六月十八日　拜會我國駐英大使顧維鈞先生。繼訪問英國陸軍部，由英國參謀總長布魯克（Gen. Sir Alan Francis Brooke）親自接待，並在其辦公室內，由其本人親授「英帝國司令勛章」.（Commander of British Empire 簡稱爲C. B. E.）以酬答孫將軍在仁安羌援救英軍第一師的卓越戰功。在旁觀禮的有英國首相邱吉爾（Winston Churchill）的軍事顧問衣斯梅上將（Gen. Sir Hastings Lionel Ismay），現在是北大西洋同盟總部的秘書長，和英國陸軍訓練司令麥斯頓將軍（Lt. Gen. Maidstone）。典禮之後，並舉行盛宴慶祝。

六月十九日　上午至坎貝里(Canberley)參觀英國參謀大學，下午至沙豪斯特（Sandhurst）參觀英國皇家軍校。

六月二十日　至格棱維奇（Greenwich）參觀英國皇家海軍學校。

六月二十一日　至克瑞瓦（Crenwau）參觀英國皇家海軍學校。

六月二十二日　遊覽倫敦名勝，晚間顧大使設宴款待。

六月二十三日　搭機離開倫敦，途經蘇格蘭、冰島、芬蘭，當天抵達紐約。

六月二十四日　飛往華盛頓，拜會我國駐美大使魏道明先生。

從六月二十四日至七月二日，均停留在華盛頓。在這幾天中，曾拜會美國防部長馬歇爾上將（Gen. George C. Marshall），副參謀總長韓定上將(Gen. Thomas T. Handy)，及索穆維爾少將（Maj. Gen. Somervell）。索穆維爾少將（Maj. Gen. Somervell）與孫將軍是舊識，他們二人於三十二年同乘四引擎C54運輸機到重慶去開會。這是第一架四引擎C54運輸機飛到中國戰時首都重慶。

六月二十九日　乘汽車至貝魯堡（Fort Belvoil），參觀美國工兵學校。

七月二日 至克諾克斯堡（Fort Knox），參觀美國裝甲兵學校。

七月四日 至班寧堡（Fort Benning）參觀美國步兵學校，及其附近的傘兵訓練中心。

七月中旬離開華盛頓再到紐約，住了四天，並參觀紐約附近的軍事基地。然後由紐約飛往英國百慕達（Bermuda），回至法國巴黎，停留兩天，啓程回國，途經葡屬艾柔瑞斯Azores，換機飛過意大利、希臘、開羅循原路回至印度加爾各答。在加爾各答住了兩天，於八月初飛返八莫，時新一軍已奉命調回國，孫將軍在八莫住了兩天，即飛回昆明，令衣復得上校在八莫收容傷患落伍官兵，衣秘書收容工作完畢之後，於八月十日飛回昆明。赴歐全部行程至此圓滿結束。

附錄

孫立人將軍訪問歐洲戰場

——節錄中央社特稿，原稿載三十四年十一月廣州各報

緬甸戰事勝利結束之後，歐洲盟軍最高統帥艾森豪爾元帥曾電邀孫立人將軍去參觀歐洲戰場，這件事得到最高當局的准可，孫將軍便在部隊班師回國的時候起程赴歐。在三個星期之中，他旅行五萬英里，成爲艾森豪威爾元帥和戴高樂主席的上賓，得到了許多寶貴軍事參考的資料。中央社記者訪問過他，他扼要提出了兩點感想：第一，他覺得英美盟邦人民充滿了緊張熱烈的工作情緒，老弱婦孺都全體動員參加戰時生產工作，眞正做到了全面作戰和全民作戰的境界。他參觀過一個英國營房，只是十幾個女工，辦理幾千人的伙食，清潔整齊，有條不紊，一個英國中將告訴他說：他的全家連六十五歲的老母在內，一齊都參加了戰時的工作；由此可以看出盟國勝利不是僥倖得來的。第二，德國失敗後，雖然是滿目瘡痍，但由于其民族性的強毅和民族意識的堅定，故能忍受一切，團結不亂，社會秩序十分良好；惟盟國對德管制極嚴，政治區域各自分離，形成無政府狀態，限制人民自由行動，教育幾陷于停

頓，工業毀滅，交通破壞，五十年內恐無東山再起希望。

＊　＊　＊

孫將軍是安徽舒城人，今年四十七歲。高高的個子，兩目烱烱有光，氣宇軒昂英挺，面貌看去很年青，但是頭髮已經有些斑白。「將軍白髮征夫淚！」多少年來，爲着討伐仇敵，孫將軍的頭髮被染白了一些，這些白髮，正是將軍功勛的紀錄啊！

他在清華大學讀書時代，曾是籃球、足球和棒球的國手，有飛將軍的綽號。民國十年（一九二一）他是我國的籃球選手，在第五屆遠東運動會中，擊敗日菲球隊，奪取冠軍，贏得中國運動史上光榮的一頁。眞的，誰也不會想到這位在戰場上叱咤風雲的人物，曾是當年在運動場上捷足奪標的虎將呢！他在美國普渡大學得過工科學士學位，後來又在維吉尼亞軍校畢業。回國後，當過中央黨務學校軍事訓練隊隊長和陸海空軍總司令部侍衞總隊副總隊長。他很崇仰岳武穆的爲人，常將岳母刺背的故事講給官兵們聽，勉勵他們精忠報國。他自從民國十九年當團長以後，參加過多少次的南征北伐，二十六年在蘇州河畔遭受到一次幾乎致命的重傷，週身上下密佈着十一處彈孔，一度十分危險，後來經過極小心的療治，才慢慢的復原。大概是因爲他嗜愛運動的原故，現在他依然壯健如三十許人。

三十一年，中國遠征軍入緬，仁安羌之役，孫將軍親提新三十八師一團的健兒，大破日軍第三十三師團，救英軍七千人出險，榮獲英帝國司令勛章，從那時候起，他就名揚中外了。盟軍退出緬甸後，國軍一部轉入印度成立了新一軍。三十二年春天，反攻緬甸戰鬥開始，他又統率數萬健兒，在蠻荒的野人山，在洪水泛濫的胡康盆地，在泥深沒膝的孟拱河谷，在利于守不利于攻的八莫、南坎、新維和臘戍等地區，斬將搴旗，追奔逐北，斬獲三萬餘衆，擊滅敵軍精銳的第二、十六、十八、四十九、五十三、五十六等六個師團，打通全國上下所企望的中印公路。

一個臺灣人心目中的孫立人將軍

我是臺灣民雄人，在臺中經營水電行生意。五十二年農曆除夕，應召至「孫公館」裝修水電。因此機緣，得識名震中外的孫立人將軍。而這位白髮蒼蒼精神奕奕的長者，對待我這個無名工匠，却出我想像以外的那樣慈祥誠懇，使我內心油然而生敬愛之情。

我因裝修水電關係，也認識定居在臺中的戰後首任東北行營主任熊式輝將軍，他知道我常到「孫公館」裝修水電，遂託我代向孫將軍轉達他的問候與關懷。熊式輝將軍還告訴我有關孫立人將軍在東北英勇作戰的故事。那是在抗戰勝利之初接收東北時期，國軍久攻四平街不下，蔣委員長迭連五通急電，令召當時任職駐紐約聯合國軍事代表團副團長的孫立人將軍火速返國，解救東北困局，孫立人將軍抵達前線之日，即下達命令給圍城的新一軍，次日拂曉攻擊。全軍將士聞悉孫將軍親臨指揮，軍心大振，一舉攻下四平街。共軍潰敗，新一軍追過松花江，勢如破竹，欲一舉將共軍殲滅。此時適遭軍調處下令停戰，孫將軍率軍掉轉頭來，奪佔公主嶺，進據長春市，直令共軍聞風喪膽。共酋毛澤東聞訊嘆氣說：「有孫某在東北，共軍惡運不了」。遂散播謠言，實施離間。中央不察，竟將擎天一柱的大將軍孫立人調離東北。當時東北軍民不禁同聲哀嘆說：「孫立人調離東北，整個東北就完了。」言念及此，能不浩嘆！

所幸孫立人將軍調來臺灣訓練新軍，經他整訓的青年軍二〇一師六〇三團在馬尾一役，挫敗了共軍攻臺的銳氣，隨後防守金門古寧頭陣地的二〇一師六〇一團和六〇二團，迎面痛擊來犯的萬餘共軍，一夜之間，打得共軍全軍覆沒，中共從此再也不敢輕舉犯臺，奠定了臺灣四十多年安定的局面。

抗戰期間，孫將軍率新三十八師，於三十一年春入緬對日作戰。仁安羌一役，曾以一團之衆，擊敗十倍兵力的日軍三十三師團，救出被圍的八千餘英軍，此一輝煌戰績，贏得舉世讚譽。嗣後駐印度整訓，成立新一軍。三十二年冬，由印度反攻，進軍緬甸野人山，在蠻荒叢林中，與強敵日寇交戰兩年多，大小戰役七百餘次，以寡擊衆，每戰必勝，打通了中印公路。在第二次世界大戰中，孫立人將軍所率領的新一軍，是唯一對日作戰保持常勝的紀錄。

戰後孫克剛先生根據中國遠征軍戰場實地紀錄，編成《緬甸蕩寇志》一書，中外傳誦。孫立人將軍在臺中幽居期間，親筆加以評註。爲恐有失，特將該書交我携至美國珍藏，以便他日重刊，流傳後世。

我有幸和孫將軍交往了二十八年，承他不棄，待我如家人，使我對這位愛國將軍更加敬重。他老人家學養深厚，終生立身行事，服膺儒家忠誠傳統，一心想念着國家民族的富強康樂。我有時隨他老人家到臺中大坑山，看他辛勤栽培的菓園，菓樹成林，綠蔭蔽天。我不禁暗想，千古一將難求，爲何這樣一位國家棟樑的將才，竟然棄之不用呢？經我多方查證，乃知「孫立人兵諫案」和「郭廷亮匪諜案」都是寃案。七十四年我從美回國，隨身携帶預先寫好一封上蔣經國總統信，懇請政府還給孫將軍忠貞名節。不幸在過關時被海關人員查出，將我送往調查單位，經六人小組連夜賡續偵訊二十四小時，命我交出有關孫將軍的全部資料，並令我不得洩漏孫將軍的任何訊息，以免影響當局形象。所幸孫將軍親自批註的《緬甸蕩寇志》一書仍然保存完整。

而今孫案大白於天下，孫將軍也與世長辭，安眠於地下。孫將軍交給我保存多年的他親筆批註的《緬甸蕩寇志》一書，重版問世，我謹於書後，略綴數語，以供世人知道中國曾有一位偉大的民族英雄孫立人將軍，和追隨他南征北討的新一軍英勇官兵的戰績。

旅居美國洛杉磯僑民

鄭錦玉謹述

一九九一年十一月十九日

我的父親

孫安平

孫立人將軍與其公子安平攝於臺中寓所

火炬創刊號，以「燃燒自己，照亮別人」的豪情壯志發行雜誌，緬懷往昔，繼往開來，「火炬」自是先父建立新軍的象徵，以展振衰起敝，發揚武德，教育新軍，救國救民之宏願，它所代表犧牲自己，照亮別人，正是 先父一生的寫照，而今「壯志未酬身先死」眞教「長使英雄淚滿襟」，對我來說，更是感慨良多。承張總編輯震西先生之囑撰文以充篇幅，卻又拙於文華，苦思多日，僅以「我的父親」爲文，容述一些庭訓及慈愛一面，工拙不計，聊中思親之念。

父親去世已是第三個年頭了，思慕　先父在世時對我們兄弟姊妹的教養，尤其是我們兒時依圍在他的身邊之情，長日親聆教誨之狀；歷歷在腦海中浮現。「滿腔積愫無從說，世事滄桑感萬千」、「殘月依舊照青山，流水送盡去來人」更加重我孺慕親情和空虛之感。回憶　父親生前受盡委屈，寧可犧牲自己把痛苦埋藏在心坎中；也幾乎被毀去一生德譽及功名；直到耄年之期，視線茫茫，皓髮蒼蒼，才經親友及正義人士的奔走恢復清白。

父親去世了，回想從小，他和母親很辛苦的把我們兄弟姊妹養育、教導成人，在政府的照顧下一起渡過了卅多年的一言難盡清苦生活。從父親五十歲的盛年，與母親抱著、哄著我們。在六十、七十歲時嚴格但慈愛的管教我們。在七十、八十歲時送我們出國進修，與母親渡過比較寂寞的幾年，到八十多歲時抱著、哄著姊姊、弟弟的小孩。到九十歲視線茫茫、髮蒼蒼時才復自由，舊識、舊屬和親友爲他做壽。到後來體力日差，在經過母親與榮總醫護人員悉心照顧之下，仍無法與「命」爭，回家走完最後一程。在官方與故舊辦的喪禮中，行軍禮、覆國旗、校旗，肯定父親的忠貞與對國家的貢獻。有太多值得我們回憶、懷念、感激與尊敬的地方。

從小，父親就很嚴格的管教我們，注意言行舉止，及待人處事的原則，四育並重，功課倒沒有要求名列前茅，但總希望在中等以上。他管教嚴格但不多說，以身作則，待人處世誠懇，總是更有說服力的。而且在嚴格的背後，我們總是可以感覺到父母對我們的關懷與慈愛。

在「政府的悉心照料」下，父親的舊識、舊部，幾乎完全不曾來往。親戚只能偶爾來訪，外出時，「政府的照顧」也是「無微不至」（註：遵照上級指示，也是沒辦法的事），同時在我們成長的廿多年中，因爲父親並沒有領到正式薪水（註：只領一些上級撥發的生活費用，三餐非常清苦）也沒有軍公教學雜費的補助，所以每到開學，父母親總要爲學費等事煩心。日常生活他們也盡可能的節儉，尤其在大坑做工生產果園時更爲辛苦，但父親對他的種種境遇卻極少有什麼怨言。同時爲了怕對孩子們有所影響，直到我們十七、八歲之前都很少提到往事。即使日後提起往事，也是就事論事，很少罵人。但小孩子們是有感覺的，或多或少對事情知道一、二，心中總爲父親的遭遇叫屈。有時候看到父親想到舊日的部屬受到不好的對待，或過去一些不公正的事情，脹紅了臉不說話，我們就覺得很難過。

等我們長大成人之後，父親偶爾會提到過去的經歷，比如小時候成長的過程，祖父的教誨。在北京清華八年及在美國軍校的情形以及回國後的種種。也提到如何盡心盡力的做事，練兵帶部隊，如何在有限的資源、堅苦的環境中，運用智慧對抗、戰勝敵人。同時也在母親（媽媽及娘）口中聽到父母親年青時的一些事情。使我們有時興趣勃勃，十分神往，有時感到他們的辛苦，也有時感到不平。

父親一向教導我們要尊重自己、尊重別人，待人誠懇，說實話做實事，凡事盡其在我，但求心安理得。同時也很注重我們兄弟姊妹的興趣，並不多加干涉，只希望在臺灣當年的升學主義下，盡可能四育並重，身心均衡發展。

他是一個好爸爸、好先生，也是一個生命力及韌性強又好運動的人，在這麼多年受委屈又辛苦的日子裏，與母親（媽媽、娘）共同甘苦，把家裏照顧的很好，自己也能吃能睡，生活習慣良好，經常運動，並沒有受不了打擊而倒下去。有一回在他將近九十歲時，把頭跌破了，除了喊娘過去以外，從到醫院縫了幾針，到回家，從頭到尾不哼一聲，忍耐力極強。

當然父親並不是完美無缺的，多多少少會有一些小缺點，比如說當要聯考的前一、兩天，除了應考的人外，我們其他的家人（母親與姊弟兄妹）都要小心一點。因爲父親可能比應考的小孩還擔心，因爲他緊張，我們其他的人稍一不愼就可能挨駡了。其他……，但這並無損於我們對他的愛及尊敬。

最後父親最令我們尊敬的是，自始至終都秉持著他的理想、原則，與一貫的做人處世的信念，走完人生的全程。中國雖然積弱多年（這幾年可能好一些），但他總是認爲中國人是最優秀的民族之一。雖然經歷了人生的酸甜苦辣，受了很多委屈，但他仍抱持著儒家基本待人處世的原則，同時熱愛國家、熱愛民族、無怨無悔。在大家爲他鳴不平，要求還他淸白時，他表現的很節制，有些人覺得很奇怪，爲什麼在戰場上那麼勇敢，現在不大聲喊寃。其實他是不願讓政府太過難堪，對政治上有不良影響。其實他是被「政府」隔絕的太久，不太淸楚，以臺灣目前的環境，應該可以面對這些政治上的難堪。所謂君子可欺以方。總之父親在我們的心目中是一個眞正優秀的人，眞正優秀的中國人，一個眞正富貴不淫、威武不屈、貧賤不移的好漢，我們做子孫的一直都以他爲榮。

（作者孫安平先生，係孫上將立人先生之長子，淸華大學畢業，留美國加州大學，現服務某公司）（原載「火炬」月刊）

國家圖書館出版品預行編目資料

中國軍魂：孫立人將軍緬甸作戰實錄

孫克剛著. – 初版. – 臺北市：臺灣學生，民 35

面；公分

ISBN 978-957-15-0478-0 (精裝)

1. 孫立人 – 傳記

782.886 81006764

中國軍魂：孫立人將軍緬甸作戰實錄

著作者：孫克剛

出版者：臺灣學生書局有限公司

發行人：楊雲龍

發行所：臺灣學生書局有限公司

臺北市和平東路一段七五巷十一號

郵政劃撥戶：〇〇〇二四六六八號

電話：（〇二）二三九二八一八五

傳真：（〇二）二三九二八一〇五

E-mail:student.book@msa.hinet.net

http://www.studentbook.com.tw

本書局登記證字號：行政院新聞局局版北市業字第玖捌壹號

印刷所：長欣印刷企業社

新北市中和區中正路九八八巷十七號

電話：（〇二）二二二六八八五三

定價：新臺幣四〇〇元

一九四六年三月初版

二〇一四年九月三版二刷

59203

ISBN 978-957-15-0478-0 (精裝)